KB178921

감자꽃

감자꽃

김지연 사진 산문

열화당

책머리에

오십에 사진을 시작했고 일흔에 이 책을 묶는다. 늙어서 무엇을 힘겹게 한다는 것이 억지 같기도 하다. 젊은 시절에는 산다는 것이 고통인 적이 있었다. 내 존재 자체가 불만이었고 세상이 모순투성이라고 생각했다.

사십을 넘으면서 '아, 이제는 돌이킬 수 없이 실패한 인생이구나!' 하고 절망했다. 오십에 사진을 시작하면서 부끄러웠다. 쓸데없는 일 같아서. 그래도 이십여 년간 해 온 사진은 내가 한 일 중 잘한 일이었음을 고백한다. 세상에 대해서 던지고 싶은 질문과 답변을 내 방식으로 조금이나마 풀어 갈 수 있었다.

그러면서 생긴 여백을 글로 적어 보았다. 그것은 사진으로 다 표현할 수 없었던 이야기가 아니라, 젊은 날부터 내 길로 삼고 싶었던 글에 대한 미련 때문이었을 것이다.

어느새 다가온 일흔의 삶에 몇 줄의 글을 더하는 일이 조금 쑥스러운 마음이 든다.

2017년 10월
김지연

책머리에 5

1

새벽 낯선 곳에서 사과를 먹다 13

보성 가는 길 17

밥값은 하고 사는가 19

완주 비봉정미소 23

산동 등구정미소 25

강화 모현정미소 29

이서 돌꼭지정미소 31

논에 백 차의 흙을 나르는 일 33

줄포 장성정미소 39

감자꽃 41

개망초 45

원평이용원 49

나포이발소 53

쫑기는 명충이다 55

제일이용원의 간판 57

진도 기행   61

평교이발관   65

폭우   67

함께   71

여섯 마리의 말   73

근대화상회   75

유통기한   79

기억의 방   83

늙는다는 일   87

우리 할아버지의 노래   89

김치수제비   91

꽃무늬 양산   95

황해디젤   97

2

나무야, 아픈 나무야   103

순간의 선택   107

밥   111

불면증   113

도향다방   117

서학동 버드나무   119

건지산 할아버지의 땅   123

안개 속 같았던 삶   125

33800   129

"좋은 하루 되세요"   133

늙어서 만난 친구   137

꽃시절에 친우를 부여잡고   141

꽃은 피어도   145

우정   149

서학동사진관   153

할아버지의 벽   155

강아지   159

골목에서 하늘을 본다   163

앞집 할머니   167

일회용 물 잔   169

토마토   173

생일   175

약속   177

방울 소리   179

할머니의 국수   183

참빗과 얼레빗   187

일흔이 되어   191

발문·김영춘   195

1

새벽 낯선 곳에서 사과를 먹다

이른 새벽 산길을 달려왔다. 두 시간을 달려오니 아침 해가 떠오르기 시작했다. 사과나무 과수원에서는 빨간 사과가 아침 햇살을 받아 눈부시게 붉었다. 엊그제 태풍이 불고 간 탓인지, 밭에는 사과가 수북이 떨어져 있고 그 위에 이슬이 내려 있었다.

때로는 목적도 없는 길 위에서 할 일을 잊을 때도 있다. 무엇을 하러 왔을까?

정미소(精米所)를 찍는다는 것이 과연 목적이 되는가? 사과나무 과수원을 서성거리는데 주인이 왔다. 주인은 표정 없이 떨어진 사과를 광주리에 담았다. 새벽부터 낯선 곳에서 서성이는 나를 보더니 떨어진 사과 몇 알을 건네주었다. 사과를 한 입 베어 물고 나는 깜짝 놀랐다. 세상에 이렇게 상큼한 사과 맛이 있을까? 떨어진 사과를 한 자루 사 가지고 정미소 사진을 찍으러 다니며 하루 종일 먹었다.

목적이 모호할 때 더 순수하게 다가설 수 있다. 당시 나는 사

'정미소' 연작. 전북 진안. 2002.

진가로 알려지지도 않았고 정미소가 사진에 적합한 주제인지도 잘 몰랐다. 동일한 대상을 계속 찍는다는 것이 유효한 논의인지도 몰랐다. 사람들이 물었다, 지루하지 않느냐고. 뭐, 특별히 재미있지는 않았지만 지루하지도 않았다. 새로운 건물(비슷하지만), 마을 뒷산, 정미소 앞으로 닦인 길 등. 사실 내 사진은 유형학적인 범주 안에 둘 수도 있지만, 굳이 그것을 염두에 두고 찍지는 않았을 뿐 아니라 오히려 엄정한 형식에서 벗어나고자 했다.

마을 입구에 들어서 있는 정미소에 가면 우선 길이 먼저 눈에 들어온다. 이곳은 오래전부터 소달구지, 손수레, 화물차 등이 순전히 쌀을 빻기 위해서 드나들며 다져진 길이다. 쌀은 가족의 식량이다. 가족은 성장해서 타지로 가 성공하거나 이미 죽은 가족까지를 의미한다. 그리고 뒷산은 말없이 이 역사를 지켜본 증인이다. 이것이 대상에 대해 모든 감정을 제외시켜버리는 독일의 유형학적 사진과 내 사진의 다른 점이기도 하다.

'정미소' 연작. 전남 보성. 2002.

보성 가는 길

초록 일색이다. 나무도 정미소 건물도 초록이다. 심지어 아스
팔트 길도 비에 젖은 강아지도 초록빛을 머금고 있다. '정미소'
사진에서 흐린 날의 확산광을 선호하다 보니 비 오는 날 돌아
다니는 일이 허다하다. 그러나 비를 좋아하지는 않는다. 젖은
기분이라니, 무겁다.

정미소는 문을 닫은 것처럼 보이기도 하지만 마당에 경운기
가 있어 가끔 문을 연 것처럼 느껴지기도 한다. 하긴 경운기는
안집에서 농사지을 때 사용하기도 하지 않는가.

남도의 비 내리는 지루한 여름날, 전봇대 하나가 사진 밖의
세상과 연결을 시도하고 있다. 앞으로는 전봇대가 사라지고
전선줄이 땅속으로 들어간다고 한다. 미관상의 문제뿐만 아니
라 여기저기 걸리적거리기는 하다. 그래도 걸리적거리는 무엇
인가가 추억과 인정으로 엮일 때도 있다. 어릴 적에 벌판에서
윙윙거리는 전봇대 옆을 지나가며 세상 저 밖으로 보내는 알
수 없는 신호음인 것 같아 무섭고 경이롭기까지 했다.

사진을 찍는 순간에는 정미소가 대상일 뿐 강아지는 고려치 않은 존재였다. 그런데 수동 카메라를 사용하며 적정 노출값을 찾기 위해 여러 장 사진을 찍다 보니 강아지가 지나가게 되었다. 사물만 대상인 곳에 생명체가 들어가면 사진이 복잡해진다. 아무래도 강아지에게 시선이 먼저 가기 마련이다. 사실 강아지와 정미소는 별 관계가 없다. 비가 오는 날에 찍은 사진이어서인지 생명에게 더욱 감정이입을 하게 된다. 이제 와서 새삼스럽게 초록빛 치장을 두텁게 한 정미소가 뒤편으로 물러나며 초록색 모노톤을 고집한다. 그날 비에 젖은 하얀 강아지가 초록빛을 띠는 이유이다.

밥값은 하고 사는가

우포늪 근처까지 왔는데 날씨가 쨍쨍하다. 확산광의 효과를 얻고자 흐린 날을 택해서 사진을 찍으러 왔는데 도착할 즈음이 되니 날이 쨍하니 밝아진다. 전주를 출발해서 경상도 산자락의 굽이굽이를 돌아든다. 모르는 길을 물어물어 정미소를 샅샅이 찾아다니는 일이 쉬울 리가 없다. 편치 않은 세상 덕에 자동차 기름값은 이제 리터당 이천 원을 넘어섰다. 찍고 가자니 서운하고 안 찍고 가자니 아쉽다. 하늘의 상태를 보면서 오랜 시간 기다렸다. 해는 지고 갈 길은 멀었다.

나이 차이가 워낙 많아서 손자 같기도 한 어린 조카 녀석은 늘 나와 맞짱을 뜨려 들었다. 계속 장난을 걸어오기에 "너는 밥값이나 해라. 밥값도 못 하는 녀석이!" 하고 농을 던진 적이 있는데, 그 후에 무슨 일을 할 때마다 이 아이가 "고모! 나는 밥값을 하고 있어요?"라며 진지한 얼굴로 묻는 것이 아닌가. '아차! 내가 이 아이에게 좀 지나친 농담을 했었구나. 아이가 그 말에

'정미소' 연작. 경북 군위. 2002.

상처를 받을 수도 있었을 텐데' 하는 생각이 들어 어린 조카에게 사과를 했다. "너는 존재 자체만으로 밥값이란다."

그런데 요즘은 나 자신에게 되묻고 있다. '나는 밥값을 하고 있는 것인지.'

사진을 하는 동안, 세상사에 발을 담그고 살면서 새삼 '밥값'도 제대로 못 하는 사진가는 아닌지 반문해 본다. 이것은 작가로서 이름을 얻고 아니고의 문제가 아니며, 사진이 팔리고 안 팔리는 문제를 넘어서서 사진가로서 진정한 의미의 '밥값'을 하고 있는 것인지에 대한 어쭙잖은 자기반성 같은 것이다.

'정미소' 연작. 전북 완주. 2004.

완주 비봉정미소

어린 시절에는 모든 대상이 크게 보였다. 학교 가는 길과 운동장, 책상과 의자, 아버지, 그중에서도 당시 마을 어귀에 자리 잡고 들판의 나락을 다 집어삼키는 정미소는 가장 크게 보이고도 남는 대상이었다. 나락을 거침없이 삼키고 흰 폭포처럼 위용있게 쌀을 뿜어내는 정미소는 어린 나에게 정말 대단한 존재로 다가왔다. 그러나 절대로 무너지는 날이 없을 줄 알았던 그 정미소가 이제는 시골 면사무소 뒤에서 납작이 엎드린 채 길가로 난 큰 문을 걸어 잠그고 안채 마당에서 소소한 창고로 쓰이는 물건이 되어 있었다. 혹시 쓰러지게 되더라도 이렇게 옹색한 모습으로 변하게 될지는 아무도 상상할 수 없었을 것이다. 일제강점기에 뒷구멍으로 왕겨를 풍풍 쏴 갈기며 우리 평야의 쌀을 수탈해 가는 통로로 쓰이기도 했던 힘센 정미소가, 겨우 세 칸 정도의 홑집에 낙엽을 머리에 이고 쓰러져 가는 모양을 보고 있노라면, '도대체 우리는 쌀을 안 먹고 무엇을 먹고 살기에?'라는 의문에 빠져들게 된다.

기하급수적으로 불어나는 인구 때문에 쌀이 절대적으로 부족해 배고픈 시절이 있었다는 것을 잘 모르는 아이들도 많을 것이다. 그러니 생활 방식과 함께 식단과 먹거리까지 바뀌어 버린 시대에 정미소가 몰락하는 이유를 굳이 찾아 가야 하는 늙은 세대의 궁색함이 젊은이들에게는 어쩌면 낯설게 느껴질지도 모른다. 정미소 따위가 없어진들 무슨 대수라고! 그러나 정미소는 쌀의 역사이며 쌀은 대지를 의미했고 이 땅의 대지는 곧 질곡의 우리 근대 역사를 대변하는 것이기도 하다. 또한 근대와 현대의 얼굴로 우리에게 다가온 정미소의 쇠락은 모든 존재하는 것들이 거쳐 가야 하는 생성과 소멸, 흥망성쇠의 단순한 이야기가 아니라 사라져 간 공동체문화의 몰락을 의미한다. 그 공동체는 생명을 심고 아우르는 일에 지극함을 다했기에 그것은 자본주의적 이기주의가 도저히 넘볼 수 없는 덕목이기도 하다.

산동 등구정미소

바람 탓이다. 십 년 만에 다시 찾아갔더니 2003년 태풍 '매미'
로 인해 정미소 앞 두 그루 소나무 중 하나는 죽어 기둥만 남아
있고, 남은 한 그루도 한쪽 어깨가 상해서 시름시름 앓고 있었
다. 어찌 바람 탓만이겠는가. 그 앞 도로도 다 파헤쳐져서 길을
찾아오기도 힘들었다. 멀리 보이는 지리산 자락을 어림짐작으
로 돌고 돌아서 들어왔다.

십 년 전에 등구정미소를 찍을 때 소나무 두 그루가 두드러
졌다. 마음에 들기도 하고 안 들기도 했다. 정미소 사진에 사연
이 많이 담기는 것이 그다지 좋을 것은 없다. 정미소라는 대상
을 반듯이 전하면 되는 것이다. 그래도 나는 여러 정미소 사진
들 앞에 이 사진을 슬쩍 들이밀곤 했다. '이 사진은 어떠냐'라
는 식으로. 어떤 사람은 그래도 밋밋한 사진들 중에서 소나무
두 그루가 정답게 서 있고 뒤에 아스라한 산이 손에 잡힐 듯이
보이는 풍경에 관심을 두는가 하면, '뭐 딱히' 하는 시선도 있
었다. 그래도 나는 십 년 뒤에 이 정미소를 찾아가면서 소나무

'정미소' 연작. 전북 남원. 2002.

걱정을 했다. '아직도 정답게 잘 서 있을까' 하고. 정미소는 이미 문을 닫은 지 오래고, 그 앞에 몰골이 말이 아닌 꼴로 서 있는 소나무를 한참 바라보고 있으려니까 "바람이 때리고 갔어"라고 백발이 성성한 노인이 건너 밭에서 일을 하다가 짧게 말을 건네 왔다.

파헤쳐진 주변과 쓰러져 가는 정미소, 한쪽을 잃은 소나무는 온전한 풍경이 아니었다. 어디에도 온전한 풍경은 보이지 않았다. 농촌은 늙어서 수명을 다한 듯하고 농업은 가쁜 숨을 몰아쉬고 있다. 뒤로 지리산이 감싸고 옆으로 섬진강 자락을 두르고 있는 이 아름다운 강산에도 가을은 저물어 가고, 늙은 농부의 옷자락에 수심이 깊어 간다.

'정미소' 연작. 인천 강화. 2003.

강화 모현정미소

그것이 초록이든 주황이든 상관없다.

삼 단이나 사 단 종횡으로 붙여진 지붕이 어느 곳이나 일관되게 같은 색깔일 수는 없다.

정말 그럴 이유는 없었을 것이다. 그런데도 정미소의 지붕은 거의가 초록색이나 붉은색이다.

모현정미소는 뒷산, 나무, 풀, 지붕과 문, 그리고 옆집 가게 간판과 거기에 붙은 뉴그린 소주, 킨 사이다 간판까지 한결같이 초록빛이다.

원(願)도 없는 초록빛 세상 속에서도 지나침이 없는 이 풍경은 멀어져 간 우리들 삶의 흔적이다, 또 하나의.

'정미소' 연작. 전북 완주. 2001.

이서 돌꼭지정미소

2001년, 주인 박송만 씨는 당시 일흔 살이었다. 정미소는 가을 추수 때나 주문이 있을 때만 문을 열었다. 박 씨는 유난히 초췌해 보이는 눈빛의 노인이었다. 정미소는 전(前) 주인 송 씨가 일제강점기 때 씨름대회에서 일등을 해서 소 세 마리를 받은 돈으로 시작했다고 한다. 박 씨는 열여덟 살부터 일꾼으로 시작해서 삼십대에 이 정미소를 사들였고, 당시로서는 늦은 나이인 서른두 살에 결혼을 했다. 좀 살겠다 싶었는데 부인이 마흔다섯에 죽었다. 그 뒤로 여러 여자를 만났고 여자들이 떠난 뒤에 재산은 하나둘 없어졌다고 한다. 여기서 일한 지는 오십 년이 넘었는데, 이제 빈 껍데기인 정미소 건물만이 남아 있다고 쓸쓸한 어조로 말했다.

그 뒤에 십년 만에 다시 가서 보니 정미소는 폐업을 했고 마당에는 쓰레기 상자만 쌓여 있었다. 그 바로 옆에서는 도로 확장을 한다고 여러 대의 굴착기가 바쁘게 움직이고 있었다. 이제는 남아 있는 것들조차 흔적도 없이 사라질 것이다. 힘센 장사가 소 세 마리 종잣돈으로 정미소를 시작했건, 들어오는 마누라마다 돈을 가지고 밤중에 사라져 남자에게 회한을 남겼건 모든 것들이 허망하게 공중에 사라지고 있었다.

박 씨는 아직 근처에 살고 있는 모양이다. 정미소에 딸린 나무 기둥에 묶여 있는 개 밥그릇에 사료가 남아 있었다. 개는 몇 번 짖는 시늉을 하더니 귀찮은지 짖지도 않고 나를 두고 돌아섰다.

논에 백 차의 흙을 나르는 일

2002년 개인전 「정미소」를 마치고 나는 좀 다른 생각을 갖게 되었다. 사라지는 정미소를 복원해서 사진도 걸고 이런저런 문화 활동을 해 보면 좋을 것 같다는 꿈을 갖게 된 것이다. 삼 년을 이곳저곳 알아보고 다녔다. 주요 조건으로는 비싸지 않을 것, 건물 상태가 너무 낡아 있으면 고치기 힘들고 새것이면 옛 정취가 없기 때문에 적당히 오래된 것일 것, 집에서 출퇴근이 용이한 거리일 것, 관람객 유치를 위해 주변에 관광지가 있을 것 등이었는데 막상 찾다 보니 생각만큼 쉽지 않았다. 폐정미소였지만 누가 산다고 나서니 일단 값을 비싸게 불렀고 땅 주인과 건물 주인이 다르다는 것이 가장 큰 문제였다. 예전에는 씨족공동체끼리 집성촌(集成村)을 이루고 살았기 때문에 친척지간에는 땅을 빌려 쓰기도 했다.

전라북도에 있는 웬만한 장소는 다 기웃거리고 다니면서 정미소 주인이나, 소개해 준다는 사람에게 밥도 수없이 사고 술도 사 주며 삼 년 내내 헛공을 많이 들였다. 결국 지쳐서 포기

공동체박물관 계남정미소. 전북 진안. 2010.

하려던 차에 우연히 진안에서도 버스가 하루 두세 차례 지나가는 한적한 마을에 들르게 되어 마음을 정하고, 그곳에 터를 잡게 되었으니 아는 사람이 있을 리가 만무했다.

정미소는 당시 폐업한 지가 일 년이 지나서 전기도 끊기고 물도 안 나왔다. 그곳은 내부가 그대로 갖추어져 있어서 쇳덩이 값으로 치면 잘해야 고물상에서 이십만 원쯤 받을까, 아니면 오히려 철거비를 주인이 내야 하는 처지였지만 내가 산다고 하니까 오백만 원을 요구해서 달라는 대로 주었다. 마을에 들어가 살려면 깐깐해 보이면 안 되겠다는 생각에서였다. 이곳도 땅 주인과 건물 주인이 달라서 땅값은 별도로 치렀다. 그것도 땅 주인 할머니는 안 팔려고 했는데 아들이 노름빚에 쪼들려서 팔게 된 것이기 때문에 한동안 할머니의 눈총을 받아야만 했다. 정미소를 전시장으로 고치는 데 웬만한 집 한 채 짓는 경비가 들어갔고, 정미소는 운영을 하지 않더라도 한 번 움직이는 데 많은 기본 동력이 필요했기 때문에 물과 전기를 끌어오느라 마을 사람들이며 한전(韓電)이며 여러 가지 복잡한 절차를 거쳐야만 했다.

어디 그것뿐이랴. 정미소에 딸린 토지가 논이었기 때문에 메워야만 옆 땅을 쓸 수가 있었다. 백 트럭의 흙을 사서 메우기로 했다. 전(前) 정미소 주인은 여러 해 인삼 경작을 하던 자기 밭의 객토(客土) 작업을 하면서 그 흙을 우리에게 팔았고, 굴삭기 기사는 윗동네 사람으로 안하무인이었는데 정미소 전 주인이 고용했다. 매일 술에 취해서 행패를 부린 것은 그렇다손 치더라도 트럭에 가득 채워야 할 흙을 반도 안 담아서 실려 보내는 것이었다.

마침 겨울이라 강바람이 그대로 몰아치고 있는 벌판 한가운데서, 안 그래도 숫자에 약한 내가 혼자서 그 트럭이 오가는 횟수를 어떻게 셀 수 있었겠으며 흙을 반만 담아 오는 트럭에 대한 불만을 제대로나 말했겠는가? 나는 울고 싶은 심정이었다. 마을 사람들은 정미소 전 주인과 어디서 뜬금없이 날아들어온 낯선 여인네 간의 수작을 모른 체하고 지켜보았다. 나중에 정미소 전 주인이 떠나고 난 뒤 마을 사람들은 좀 친숙해지니까 "자기 밭 객토 작업을 하는데 당신이 왜 돈을 그리 많이 준 거요? 아주 봉 잡혔구만" 하고 뒤늦은 훈수를 했다.

육 개월에 걸쳐 정미소를 고치고 눈발이 흩날리던 어느 날, 일 톤 트럭에 간단한 짐을 싣고 혼자서 계남정미소에 들어왔다. 마을 사람들은 모두 황당하다는 눈빛이었으며 나 또한 스스로가 처량하기 짝이 없었다.

처음엔 전시기획 때마다 이 마을 저 마을로 집집마다 자료를 수집하러 다니는 나를 보고 주민들은 '이해할 수 없는 사람'이라고 딱하게 여겼다. 그러나 삼 년이 지나면서 지역 사람들도 점차 이해하는 수밖에 없다는 식으로 마음이 돌아서기 시작했다. 이렇듯 계남정미소는 한 사진가의 무모한 도전으로 근대유산을 마을 문화 커뮤니티 공간으로 탈바꿈시킨 최초의 사례로 자리 잡아 가던 중, 재정난과 건강상의 이유로 더 이상 끌고 나갈 수 없게 되었다. 육 년 반 동안의 활동을 멈추고 2012년 가을, 잠정적 휴관이라는 안내문을 써 붙이고 문을 닫고 돌아서 올 때 많은 사람들에게 아쉬움을 남겼다.

아직도 나에게서 서학동사진관 관장보다 계남정미소 운영자에 대한 기억을 떠올리는 사람들이 많다. 그래서 2016년부터 다시 문을 열게 되었고, 관람객들이 비교적 많이 찾는 여름철에만 프로그램을 선정하여 잊혀져 갔던 계남정미소의 명맥을 유지하고 있다.

'정미소 그리고 십 년' 연작. 전북 부안. 2011.

줄포 장성정미소

볼그레하고 약간 처진 둥근 볼, 엷은 갈색 베레모, 한쪽 팔이
잘려 나간 빈 어깨.

십 년 만에 다시 찾아갔더니 주인은 여전히 사람 좋은 미소
로 맞이한다.

"이젠 아들이 맡아서 할 것 같아요, 당분간."

정미소는 예전의 모습보다 더 어색하지만 다시 씩씩하게 녹
색 칠을 한 양철 지붕에 깊게 눌려 있었다.

"언제 또 봬요." 나는 작별 인사를 하고 돌아섰다.

"글씨요…." 주인은 말꼬리를 흐린다.

우리가 언제 또 만날 수나 있겠어요.

정미소도 그렇다.

이미 늙어 버린 나이를 알아챈다.

전북 진안. 2012.

감자꽃

자주 꽃 핀 건 자주 감자,
파 보나 마나 자주 감자.
하얀 꽃 핀 건 하얀 감자,
파 보나 마나 하얀 감자.

권태응(權泰應) 시인의 동시 「감자꽃」을 일제강점기 때 어
린아이들이 좋아해서 노래로 불렀고 그 후 이런 후렴구까지
덧붙여졌다고 한다.

조선 꽃 핀 건 조선 감자,
파 보나 마나 조선 감자.
왜놈 꽃 핀 건 왜놈 감자,
파 보나 마나 왜놈 감자.

진안에서 계남정미소를 공동체박물관으로 운영하면서 사

권 마을 친구를 한 명 대 보라고 한다면, 나는 서슴없이 장금숙 할머니를 들고나온다. 당시 팔십대 중반인 그이는 이빨이 다 빠지고 허리가 기역 자로 구부러져 있어 '후유—' 가락을 몇 번이나 쳐야 뻔히 건너다보이는 자기 밭에서 우리 수돗가까지 올 수 있었다.

금숙 씨는 계남정미소 주위 땅을 막내아들이 소유하고 있어서 매일 그 밭에서 일을 했다. 다른 자식들은 다 객지로 가고 막내아들이 귀농해서 농사를 짓기 때문이다. 그이는 바람이 불거나 비가 오거나 상관없이 밭고랑에 붙어서 일을 하기 때문에 누구 눈에도 잘 띄지 않는다. 그러나 나는 그이가 어느 밭에서 일을 하는지 언제든지 알아낼 수 있다. 내가 '다방커피'를 한 잔 타서 정미소 문을 나서면 멀리서 혹은 가까이서 인기척을 내기 때문이다. "오늘은 조금 늦었구만" 하고 밭고랑 사이에서 낯익은 목소리가 들려온다. 그이는 다방커피를 한 잔 하고 나면 기운이 나서 한나절 뒤도 안 돌아보고 일을 한다. 점심이 되어도, 누가 와서 밥 먹으라는 사람도 없고 본인도 밥을 먹으러 들어가지 않는다. 처음엔 나도 이런 사실에 관심이 없었는데, 어느 날 보니 수돗가에 와서 물을 한 모금 마시더니 지친 몸을 끌고 다시 밭으로 나가는 것이었다. 나는 그날부터 금숙 씨와 점심을 같이 먹었다. 어느 날 금숙 씨는 평지(계남정미소 앞으로 펼쳐진 작은 평야)를 바라보며 말했다. "저게 모두 우리 땅이었어." 금숙 할머니네가 땅이 많다는 것은 마을 사람들에게 들어서 알고 있었지만, 금숙 씨가 돈을 많이 가지고 있을 것 같아 보이지는 않았다. 몇 년 전 금숙 할머니가 한 닢 두 닢 모아서 장롱 속에, 베개 속에, 장판 속에 넣어 둔 돈이 집에 불이 나서 다 타 버린 일이 있었다. 그 돈이 얼마인지를 본인도 모른다. 돈이 손에 들어오면 모아 두었다가 그중 가장 못사는 아들에게 주려고 했다는 것이다. 그 일로 인해서 금숙 할머니는 상심이 커 밥도 잘 먹지 않아 폐결핵을 앓게 되었고, 요실금도 심해져서 마을 사람들이 같이 자리하는 것을 꺼리게 되었다. "남편이 그 많은 땅을 사고팔고 또 아들이 사고팔고… 나는 전혀 모르는 일이여." 그 많은 땅을 사고팔 때, 금숙 씨는 모르는 일이었고, 지금도 모른다. 자식을 낳고 오직 일만 하는 것이다. 때로는 밭고랑에 보자기처럼 널브러져 있는 것을 내가 발견해서 같이 보건소에 다녀오고 나면, 그다음 날 다시 밭에서 일을 했다.

감자가 꽃을 피워서 밭고랑이 꽃물결로 넘실댔다. "감자꽃은 아무 소용도 없어. 밑이 실허게 들려면 꽃을 따 버려야 혀" 하며 금숙 씨는 꽃을 몇 개 툭툭 따낸다. "헐 일 없으면 감자꽃이나 따." 그이는 이런 쉬운 일은 제쳐 두고 밭매는 일을 시작했다. 나는 감자꽃이 아무짝에도 쓸모없다는 말에 충격을 받고는 감자꽃을 따기 시작했다. 그런데 어찌나 이쁘고 곱던지, 그냥 버리기가 아까워 감자꽃을 묶어서 부케처럼 만들어 할머니 손에 쥐여 주며 사진을 찍자고 했다. 그이는 자주 웃지 않는 주름진 얼굴을 살며시 펴며 웃었다.

계남정미소가 휴관을 한다고 하니 가장 상심한 건 금숙 씨였다.

개망초

초여름부터 따가운 햇살 아래 빈터마다 개망초가 가득 피어 있다. 멀리서 보면 안개꽃 같기도 하고 메밀꽃 같기도 하다. 굳이 비교할 필요도 없는데, 개망초라는 '하찮은' 이름 때문에 대우를 못 받는 것 같아 애잔한 마음이 드는 꽃이다.

계남정미소에서 올려다보면 윗마을 입구에 오도카니 작은 집 한 채가 길가에 붙어 있다. 슬레이트 지붕에 마당도 울타리도 없이 바로 마루가 있고 방과 부엌이 하나씩 있다. 부엌은 재래식으로 흙바닥에 아궁이가 붙어 있었다. 나중에 보니 방 안에 문이 있고 그 문을 열면 작은 방이 하나 더 있었다. 여기에 김정출 할아버지가 혼자 산다. 참, 빠뜨릴 수 없는 것은 뒷문을 열면 남새밭이 있고 눈을 더 높이 들면 뒷산이 보인다. 그리고 그 사이 작은 뒷마당이 있고 한쪽에 우물이 있다. 이 우물은 부엌 뒷문에 가장 가까이 있다.

이 마을에 처음 왔을 때 나는 이 집을 보고 어떤 정보도 없이

전북 진안. 2012.

그냥 '주막'이었을 것이라고 단정했다. 정출 씨에게 물어보니 흐지부지 분명치 않은 대답을 했다. "그랬던가?…." 정출 씨는 다른 일에서도 늘 확실한 답변을 주지 않는 사람이기에 그 일의 진위는 알 수 없다. 동네 사람들은 나의 질문에 왜 그런 생각을 하냐는 식일 뿐 단호하게 아니었다고 말하는 이도 없었다. 그 집 마루에 걸터앉아 보면 들판이 훤히 펼쳐져 있고 저 건넛마을 집들까지 잡힐 듯이 한눈에 바라다보인다. 나는 계남정미소를 하면서도 기회가 닿으면 이 집을 사서 그야말로 '주막집 프로젝트'를 해 보고 싶었다. 술 한 잔 못 마시는 내가 '주모'가 될 뻔 했으나, 정출 씨는 집을 팔 생각이 없었고 나 역시 혼자서는 계남정미소도 감당하지 못할 판인데 주막까지 열겠는가. 마음은 닫았지만 그래도 그 미련은 아직도 버리지 못하고 있다.

봄이면 정출 씨는 고사리를 끊어 와서 나에게 사라고 했다. 고사리가 아주 탐스러워서 가져오면 사곤 했다. "삼만 원!" 한번 값을 정하면 깎아 주지 않는다. "이틀이나 깊은 산을 헤매고 다닌 거여." 그러면 나는 아무 대꾸를 할 수 없어서 돈을 내준다. 사람들은 그 돈을 읍내 '산골다방 박 마담'에게 다 쓰고 온다고 수군거렸다. 정출 씨는 저녁나절 술 한잔을 하고 자전거를 타고 가다가 내려서 밑도 끝도 없는 이야기를 한다. 젊은 시절에 여러 사업을 하다 망했다는 둥, 장사하러 전국 어디고 발안 디딘 곳 없이 돌아다녔다는 둥, 자기 집 우물(지금은 사용

할 수 없음)이 근방에서 제일가는 물맛을 지녔으며 어떤 가뭄에도 마르지 않았다는 둥, 귀가 어두워서 남의 말은 듣지 않고 자기 말만 열심히 하고 가곤 했다. 어느 날, 산나물을 언제 해 오는지 알려고 전화번호를 물었더니 전화가 없다고 했다. "전화 올 데가 없어요." 방에는 자식들 사진도 많은데, 연락을 끊고 찾아오지 않은 지 오래됐다고 했다.

　더운 여름날 그 집 앞을 지나다가 보니 정출 씨는 멍하니 마루 끝에 홀로 앉아 있었다. 주변에 흐드러지게 핀 망초꽃을 한 아름 꺾어다 건넸다. 그이는 쓸쓸한 표정으로 꽃을 안아 들었다. 그 뒤로 계남정미소 휴관 이후 삼 년 만에 갔더니 정출 씨는 요양원으로 가고 그 집은 마을 이장에게 넘어가 있었다. 지붕도 고쳐지고 마루에는 새시 문이 달려 있어 더 이상 주막집의 분위기를 살리기는 힘들었다.

원평이용원

여자가 이발소를 기억하는 일이 좀 별난 것일까. 면내에는 물론 읍내에도 미용실이 한두 군데밖에 없던 시절인지라 여자애들도 이발소에 가서 머리를 자르면서 컸다. 예전에는 그것이 자연스러운 일이었다. 할아버지의 손을 잡고 간 그곳에는 낯선 남자들의 냄새 속에 다가서기 어려웠지만 다정했던 아버지의 냄새, 평소에 없던 할아버지의 뭉툭한 농담 같은 것들이 배어 있었다. 아버지는 머리에 기름 바르는 것을 싫어했는데, 짧은 머리가 바람에 찰랑이는 것이 신세대 어른답다고 어린 나는 생각했다. 그 위에 늘 중절모자를 쓰고 다니시던 아버지는 아는 사람과 마주치면 모자를 잠깐 벗는 시늉으로 머리에 손을 얹고는 했다. 아버지와 할아버지가 남들보다 젊었고, 비교적 배를 많이 곯지 않아도 되었다는 것은 어린 시절에 잠시 누릴 수 있는 행운이었다. 그것은 남은 생애의 고달픔을 이길 만한 든든한 힘으로 남아 있었다.

'나는 이발소에 간다' 연작. 전북 김제. 2004.

이발소는 문을 닫은 지 몇 년 된 듯하다. 이발소 간판으로 쓰인 유리창에 '이' 자만 붙어 있다. 이발소의 상징인 청홍백 표시등도 떨어져 나가고 없다. 그래도 이곳이 이발소라는 것은 단번에 알 수 있다. 그곳에는 남루한 남자들의 냄새가 배어 있다. 남루한 남자들이 아니라 남자들의 남루함 같은 것이다. 머리를 자르고 면도를 해서 더욱 두드러지는 남루함이다. 그땐 그랬다. 이것은 외형적인 것이 아니라 남자가 느끼는 외로움에서 기인한 것인지도 모른다.

옆에는 구멍가게가 있어 마누라가 그 가게를 지켰을 것이다. 이발사는 밤이 되면 양철 문을 닫고 쪽문 안으로 들어간다. 낮에는 가게 앞에 대나무 평상이 놓이고 그곳을 지나가는 사람들이 막걸리를 한 잔씩 나누고 간다. 하루에 몇 번만 다니는 버스가 구불구불 산허리를 돌아 멈추면, 멀리 고향을 떠났던 사람들도 섞여서 내리고 조금은 색다른 인사를 나누었을 것이다. 고향을 지키는 사람도 찾아온 사람도, 알 수 없는 아쉬움만 남는 인사를 하고 떠난다.

십 년이 지나 다시 찾아간 시골 이발소는 이제 그런 흔적도 없이 사라져 갔다.

'나는 이발소에 간다' 연작. 전북 군산. 2004.

나포이발소

어떤 이발소 사장은 영업이 잘되던 시절엔 아가씨를 여섯이나 뒀다고 했다. 나는 그 '아가씨'가 면도사라는 것을 안다. 퇴폐 영업으로 지탄받던 때도 있었지만 그가 말한 아가씨는 그저 면도사 일을 한 것이다. 그렇잖으면 점잖은 얼굴로 그리 쉽게 아가씨라고 말하겠는가.

육십년대 후반 내 이종사촌 동생은 중학교를 나와서 이발소에 면도사로 들어갔다. 스무 살인 그 애는 작고 다부진 체구에 자존심이 강하고 말수가 적은 처녀였다. 당시에는 흔히 젊은 여자들이 면도사로 일을 하던 시절이라 그 일이 이상할 것은 없었지만, 꽃다운 나이의 아가씨가 남자들만 드나드는 곳에서 남자의 얼굴을 만지는 면도사 일을 한다는 것이 안쓰러웠다. 그 뒤로 얼굴이 박꽃같이 희고 고운 그녀의 동생도 열여덟 살에 면도사로 들어갔다. 이 애들이 가난한 부모와 일곱 형제들을 먹여 살렸다. 나는 그들이 살아가는 동안 가족들에게 자신의 희생을 드러내는 걸 본 적이 없다.

'나는 이발소에 간다' 연작. 전북 정읍. 2012.

쫓기는 멍충이다

정읍은 겨울에 눈이 내리면 발밑에서 폭폭 눈 쌓이는 소리가 들린다. 고향 사랑이 지극한 S시인이 내가 '이발소' 작업을 하고 있다는 소식을 듣고 한사코 데리고 간 곳은 정읍의 한적한 신작로 옆에 자리 잡은 폐허의 이발소였다. 이날은 공교롭게 눈이 너무 많이 내려 이발소를 찍는다기보다는 이발소의 정서를 찍었다는 표현이 맞을 것 같다. 어쩌면 S시인이 기대하는 것이 이런 것이 아니었을까 하는 생각이 든다.

정읍의 눈 내리는 벌판을 걷노라면 마치 꿈속을 걸어가는 것 같다. 바람도 없는데 하염없이 눈이 쌓이고 또 쌓인다. 행여 길을 잘못 들어도 별로 당황스러울 것이 없다. 인가(人家)가 멀리서 보이는 국도에서 버스를 내리면 작은 시내가 흐르고 그 옆으로 방천길이 마을로 이어진다. 미루나무 한 그루 서 있는 곳에 간판도 창문도 없는 오래된 이발소가 있다.

과연 이곳이 이발소였을까 둘러보는데, 머리 감기는 싱크대 타일 속에 낀 머리카락들 사이에서 도깨비풀 하나가 시들어서

55

붙어 있다. 벽에는 빨간 스프레이로 섹시하지도 야하지도 않은 여자의 누드가 그려져 있고 옆에는 '그렇다, 쫑기는 멍충이다'라는 오래된 낙서가 보인다.

눈, 시내, 방천길, 미루나무, 신작로 이것은 육십년대 소설에나 나올 법한 풍경 속의 이야기다. 이발소 옆에는 주막집 하나와 구멍가게가 있었다. 타지로 외출하거나 장을 보러 나가는 안동네 사람들은 이곳을 거쳐 가기 마련이다. 출타해서 돌아온 남자들은 주막에 들러 술 한잔하고, 일도 없는데 이발소에 가서 농담을 던지고 간다.

그 이듬해 또 미루나무 잎이 갈색으로 변하기 시작한 가을해 질 무렵, 나는 다시 찾아가서 사진을 찍었다.

제일이용원의 간판

김제평야에 갔더니 이번 태풍으로 간판이 날아가 버렸다고 한 이발소 주인이 걱정을 했다. 언제 문을 닫아야 할지 모르는데 다시 만들기도 뭐하고 안 만들기도 그렇다고 고민을 하고 있었다. 시골은 단골 할아버지들이 한두 명씩 돌아가시고 새 손님은 생기지 않아 문을 닫는 추세였다. 그러니 간판을 새로 달기도 안 달기도 어렵겠다는 생각을 하면서 부안으로 향했다. 부안의 큰길에서 조금 들어선 골목 민가 모퉁이에 이발소가 하나 있다.

"간판 때문에 왔죠? 모두들 간판 보고 재미있대요. 내가 직접 만들었거든요. 사진? 그런 말 허들 마쇼. 여기저기서 맨날 사진 찍는다고 난리여. 참 사람 죽겠네."

일언지하에 거절이다. 처음 완강하게 거절한 곳에서는 여러 소리 하게 되면 더욱 면박만 당하기 십상이다. 물러설 요량인데 손님으로 온 건장한 장년들께서 훈수를 둔다.

"아, 아무나 찍자고 허는 거 아니잖여. 우리 문화를 기록허

'나는 이발소에 간다' 연작. 전북 부안. 2004.

것다는디 뭘 그리 싹둑 자르나. 찍어 찍어! 걱정 말고 찍고 가쇼."

그러고는 핵폐기장 유치 문제(주민들의 결사적인 반대로 부안에 유치하는 것을 포기하고 경주로 옮김)로 심각하다. 오늘 낮에도 데모하고 온 이야기다. 나는 그런 분위기에 주눅이 들어 찍겠다고 할 때까지 문 앞에 서서 기다렸다가 촬영을 하고 왔다.

그 후 다시 들르니 주인장은 간판을 또 다른 모습으로 만들어 달겠다고 한다. 기대 반 걱정 반이다. 옛 모습이 달아나는 것은 아니겠지 하는. 그러나 믿는 마음이 더 크다.

'나는 이발소에 간다' 연작. 전남 진도. 2003.

진도 기행

진도는 두번째인데 두 번 다 겨울에 찾게 되었다.

처음은 2003년 '이발소 작업'을 시작하면서 진도까지 왔다. 전주에서 광주를 지나고 나주, 영암, 해남을 거쳐 왜 진도까지 내려와서 '이발소 작업'을 시작했을까? 아마도 처음 이발소에 찾아가서 사진을 찍자고 청을 하기가 어려워 오다 보니 진도까지 내려와 버린 것이 아닌가 싶다. 그날도 바로 사진을 찍지 못 하고 해가 저물어 민박을 찾는다는 것이 바닷가 마을이었다. 유명한 관광지도 아니고 겨울철이라 제대로 민박을 하는 곳이 없었다. 겨우 빈방을 찾았는데 방은 새벽녘에야 따뜻해져 오고 세숫물은 바깥에서 냉수로 해야 했다. 낯설고 황량한 풍경에 눈에 들어오는 것은 민박집의 진돗개뿐이었다. 워낙 영리한 놈이라 쓸데없이 경계하는 마음이 없어 짖지도 않았다. 뭐, 서로 필요 이상으로 친할 이유도 없어 너는 너 나는 나라는 식이었지만, 절대로 상대방의 존재를 무시하지 않는 점에서 마음이 통하는 구석이 있었다.

다음 날 해변가 국도 변에 굴을 파는 할머니들이 옹기종기 모여 있는 곳을 지나게 되었다. 점심을 얼마 전에 먹은 터라 굳이 생각이 없는데도 말이라도 붙여 볼 양으로 차에서 내렸다. 앞바다에서 양식한 굴을 캐다가 팔고 있었는데, 최소 만 원어치는 사야 된다는 것이었다. 나는 할머니에게 오천 원어치만 팔 수 있냐고 조심스럽게 물었다. 할머니는 흔쾌히 수락을 하고는 여기서 무쳐 줄 테니까 먹고 가라고 했다. 오천 원어치를 사면서 무쳐 달라고 하기가 염치가 없어 눈치를 보는데, 할머니는 이미 싱싱한 파와 양념을 넣고 손으로 조몰락거리며 무치고 있었다. 양푼째 가져다 놓으니 맛도 좋고 양도 많아 옆에서 나란히 굴 장사를 하는 할머니들에게 같이 먹자고 하니, 소주를 한잔 사면 더 좋겠다고 해서 옆 구멍가게에서 소주 두 병을 샀다. 그러자 여러 할머니들이 모여들었다. 한 할머니가 김치를 내오고 다른 할머니가 뜨거운 밥을 가져와서 즐거운 잔치가 되었다.

그날 그렇게 기분이 좋아져서 읍내 중앙이발관에 들어가 처음으로 이발사에게 사진의 모델이 되어 달라고 부탁을 했다. 손님들도 몇 명 있었는데 모두 편안하게 대해 주고 점잖아 보이는 이발사는 다소곳이 이발관 앞에서 포즈를 취해 주었다. 그렇게 '이발소 작업'은 순조롭게 시작이 되었지만, 이런 시작과는 달리 이발사 아저씨를 이발소 밖에 세우는 일은 늘 힘이 들었다. 이곳을 시작으로 전국 이백 곳이 넘는 이발소를 찾아

갔지만 칠십여 곳을 찍었을 뿐이다.

두번째 진도 여행은 첫번째 추억 때문이었다. 십 년 만에, 그때도 겨울이었다. 그 민박집은 문을 닫고 이사를 갔고 진돗개의 모습은 볼 수 없었다. 굴 파는 해변가도 많이 변해서 가게가 들어서고 옛 정취는 간 곳이 없었다. 할머니들도 만날 수 없었다. 중앙이발관에 갔더니 문이 닫혀 있고 창문을 통해서 들여다보니 안이 어지러웠다. 동네 사람을 만나 이발관이 문을 닫은 것이냐고 물었더니 "벌써 사오 년 됐는디, 그 사람 죽었어요" 하는 대답이 돌아왔다.

나는 믿을 수 없는 기분으로 돌아서 왔다. 어쩌면 내가 꿈을 꾸고 있는 것은 아닌지 멍해졌다. 진도 여행이 꿈은 아니었을까.

'나는 이발소에 간다' 연작. 전북 부안. 2004.

평교이발관

김제평야를 누비고 다니다 들어선 작은 마을에서 평교이발관
을 만났다.

"이거 뭐할려고?"

"…저는 사진가고… 오래된 직업을 가지신 분들을 기록해
서…."

"할 일도 되게 없구만."

고개를 숙이고 손을 만지작거리고 서 있으니까 이발사 동주
씨가 딱했던지 묻는다. "뭐 어떻게 하면 되는 거요? 지금 손님
도 없는디. 이발하는 것을 찍어야 할 거 아니오?" 퉁명스럽지
만 포근한 심성이 배어 있는 말투였다. 나는 용기를 내서 이발
가운을 입고 이발관 밖에 서 있어 달라고 했다. "허, 참, 그럼 머
리를 감아야겠네" 하더니 내가 자꾸 만류를 해도 머리를 감고
단정하게 빗질을 하고 이발관 앞에 섰다. 나는 뭔가 숙연한 기
분이 들었다. 쉽게 보이고 싶지 않은 마음에서였으리라. "기왕
이면 이 앞에 꽃들도 이쁘게 박아 주시오." 내가 이쁘게 찍기는

한다고 믿는 것인가. 지나가던 어른들이 말을 건다. "어, 동주, 테레비 나올랑갑다."

내가 그 뒤로 흑백사진을 액자에다 담아서 가져다 드렸더니 그는 심드렁하게 받았다. "뭔 구식이여." 흑백사진이 마음에 안 드나 보다고 생각했다. 일 년 후에 동주 씨로부터 전화가 왔다. "작가님, 우리 딸이 서울 큰 책방에서 이발소 사진책을 봤대요. 설마 아버지가 나올랑가 했더니 진짜 지 아빠가 책에 나왔다고 너무 좋아허네요." 그러고는 책을 몇 권을 더 주문했다고 했다. 친한 친구와 일가친척들에게 나누어 준다고 했다.

그 뒤로 전주에서 「나는 이발소에 간다」 전시를 한다고 참석해 달라고 연락을 했더니, 당일 아침에 급한 일이 생겨서 못 가게 생겼다고 축의금을 보내겠다고 했다. 나는 그러면 안 되는 일이라고 오랫동안 설득을 하고는 한번 찾아간다는 약속을 했는데, 아직도 들르지 못하고 있다.

폭우

부부는 서로가 진 빚을 갚기 위해서 살아가는 존재일지도 모른다. 평생을 보듬어 안고 애틋한 마음으로 살아가야 한다는 생각은 우리들의 소망일 가능성이 높다. 소망이기 때문에 그것을 이루는 사람도 있고 이루지 못해 고통받는 사람도 있을 것이다. 부부가 함께 늙어 가면서 쌓는 정(情)은 나무의 나이테 같기도 하고 옹이 같기도 하다. 남편이 바닥에 발을 끌며 다가오는 소리, 아내가 염색한 성긴 머리카락에 빗질도 않은 채 돌아앉아 있는 모습은 늙은 부부가 서로에게 느끼는 슬픔이다.

제주도의 이월은 적막했다. 풀도 꽃도 나비도 날지 않는 공허로운 곳에 비가 내리고 바람이 세차게 불어 남국(南國)의 야자나무가 머리를 풀어 헤치며 울부짖는 모습이었다. 그 바닷가에 현무암으로 단정히 울타리를 친 묏동 하나가 있었다.
얼굴을 때리는 바람은 춥다기보다 얼얼한 기분이었다. 스무

'뫼동' 연작. 제주도. 2005.

살 언저리에 처음 본 아름다움으로 빛나던 동해 바다가 돌아오는 길에 해일로 포효하는 것을 보고 아름다움의 대가가 얼마나 혹독한 것인가를 느꼈었다. 그 바다가 오늘도 또 다른 현실을 여실히 보여 주고 있었다.

묏동은 묘지다. 나는 굳이 남쪽 고향의 사투리인 묏동이라 부른다. 그래야 죽음이 저 멀리에 있는 것처럼 느껴지고, 혹은 죽음이 만져질 듯 가까이 다가온다 해도 양지바른 둔덕의 친숙함으로 끌어안을 수 있기 때문이다.

제주도의 묏동은 바닷가에서도, 밭에서도, 밀감 과수원에서도, 오름에서도 돌담 안의 계란처럼 오롯이 담긴 모습으로 존재한다. 그래서 한갓 스산한 죽음이 아니라 사람의 죽음까지도 자연이 품고 있는 형상을 하고 있다. 제주도의 이월은 아름다웠다. 누르스름한 모노톤의 풍경 속에 비에 젖어 검게 빛나는 현무암이 묏동을 품에 안은 채로.

'뫼동' 연작. 전북 고창. 2004.

함께

함께 가는 것이 강이라면 좋겠다.

함께 있는 것이 산이라면 좋겠다.

고창에는 어머니의 젖가슴 같은 산이 있다.

한겨울 눈보라 속에서도 두려움 없이 누울 산이 있다.

되돌아오면서도 눈물짓지 않을 벌판이 있다.

다행이다.

설령 흐르는 눈물 속에 있다 할지라도

서러움 때문이 아니라고 말할 수 있는

온화한 바람이 땅끝에서 불어오는 곳.

그곳에 묏동 하나가 자리한다.

'묏동' 연작. 제주도. 2005.

여섯 마리의 말

빼어나다는 것은 뛰어나게 좋다거나 잘한다는 것이다. 그러나 나는 그 빼어난 것들에게 감춰져 있는 호들갑스러움이 불편하게 느껴질 때가 있다. 스스로 빼어난 적이 없는 사람들이 갖고 있는 위안 같은 것인지도 모른다.

이월 제주도의 오름은 호들갑스럽지 않다. 뛰어난 절경을 부러워한 적도 시샘한 적도 없는 오롯한 태생 자체처럼 보인다. 오름은 그저 완만한 봉우리다. 아니 봉우리는 밑동이 있어야 할 것이다. 그냥 동산이라고 해야 할지⋯. 아니다, 오름이 맞다. 그냥 오롯이 솟아 있다, 처녀의 젖가슴마냥. 그 속에 묏동이 담겨 있다. 바둑판의 포석처럼 여기저기 놓여 있다. 어떤 것은 산허리에, 어떤 것은 정상에 자리 잡고 있다. 죽음조차도 한가하다.

그 안에서 말 여섯 마리가 풀을 뜯어 먹고 있다가 한 마리가 돌아서 나온다. 그 일탈이 나를 흥미롭게 했고 나는 셔터를 눌

럱다. 말들은 다시 모이거나 흩어진다.

　말들의 움직임조차도 달콤한 휴식이었다. 묏동이 있는 풍
경, 호들갑스럽지 않은 계절과 날씨, 나는 그런 이월 제주도 오
름의 풍경이 좋았다.

근대화상회

아이들은 학교가 끝나면 우르르 학교 앞 가게로 몰려간다. 살 물건은 딱히 없지만 친구가 공책 하나 연필 하나 사탕 하나만 사도 그저 몰려서 따라 들어갔다. 친구가 그것을 나누어 줄 리 만무하지만 친구의 기쁨은 바로 나의 기쁨이었다. 그렇게 시작된 소비의 욕구가 크게 발전하지도 못하고 칠십년대 서울 산동네 비탈진 구멍가게에서 라면을 외상으로 사 먹으며 자라 온 세대가 되었어도, 그들은 구멍가게에 대한 추억이 각별할 수밖에 없다. 그것이 서민경제와 자영업자의 몰락을 걱정하며 재벌의 문어발 확장을 우려하기 이전의 기본적인 삶의 모습이 었다.

사람이 잘 오지 않는 가게, 오래전 누군가 앉았던 흔적이 있는 나무 의자, 문을 밀면 어김없이 삐거덕 소리를 연거푸 내는 구멍가게, 근대화상회(近代化商會)는 이런 것들의 상징이다. 가게를 지키는 할머니는 이제 팔 물건이 없단다. 그냥 앉아 있기 뭐해서 봉지 과자나 몇 박스 풀어 놨다고 했다.

'근대화상회' 연작. 전북 진안. 2009.

시골의 구멍가게, 도시 골목의 슈퍼마켓은 한마디로 말하기가 참 쉽지 않다. 너무 하찮아서 무시해 버려도 되는 것이 아닌가 하는 생각이 들지도 모른다. 그러나 그것은 몸뚱이로 치면 허파 같은 것이었다. 동네 어귀에 붙어서 생필품을 팔며 누가 몇 시에 출근하는지 누가 직장을 잃었는지, 누가 해산(解産)을 했고 누가 죽었는지를 먼저 알았고, 누가 이사하고 나가는지 복덕방 구실까지 다 했다. 그것은 동네 사람들을 농경사회에서 산업사회로 몰고 갔으며, 박정희시대에는 '근대'라는 이름으로 잡동사니 역할을 하다가, 지금은 시대에 뒤떨어지는 경제원리가 되어 사라질 위기에 처했다.

그러나 세상의 변화엔 과정이 있다. 그 과정 하나하나에 의미를 두는 것, 그 역할을 끝까지 지켜 가는 것은 중요하다. 근대화상회는 그런 과정 안의 살아 있는 삶이기도 하다.

'근대화상회' 연작. 전북 전주. 2009.

유통기한

시골같이 사람이 한적한 구멍가게에서는 빵, 라면, 과자, 음료수 등 대부분 유통기한이 지난 것이거나 아직은 안 지났지만 간당간당한 것이 허다하다. 이곳을 찾는 손님들은 노인들이 대다수이기 때문에 작은 글씨로 어딘가 숨겨진 유통기한의 날짜를 찾아내기도 힘들고, 돋보기를 들이대지 않으면 읽기도 힘드니 뭐 대충 사게 된다. 설령 그 글자를 찾아내서 밝히더라도 동네에서 서로 아는 처지에 '치사하게' 그걸 밝혀내는 손님을 좋아하지 않는다. '쩐쩐한 인간, 뭐 그것 좀 먹는다고 일찍 죽나?'

사실 식품에 유통기한이라는 것을 정해 놓지 않으면 위생상 문제가 발생할 수가 있어서 소비자와 생산자 간의 논쟁의 소지가 있으니 이를 법으로 규정해 놓았을 것이다. 그러나 손님이 하루에 몇 명 들를까 말까 하는 시골에서 유통기한을 맞춰 장사를 하기는 힘들다. 또 어떤 사람들은 유통기한이 지났지만 '멀쩡한 음식을 버릴 수 있느냐'는 생각으로 음식을 대하며 살아가기도 한다. 그러나 아무리 그렇다 하더라도 유통기한이 지난 음식은 내가 먹을 수는 있으나 남에게 주는 일은 문제가 될 수 있다.

'근대화상회' 작업을 하면서 구멍가게마다 들르며 소소한 것들을 사기 일쑤였다. 주인은 먼지 낀 좌판에서 봉지 과자에 얹힌 먼지를 손으로 털어내서 스스럼없이 내민다. 냉장고에 노인의 성긴 이빨처럼 듬성듬성 자리를 차지하고 있는 음료수도 그냥 사게 된다. 방과 후 학습을 마치고 온 몇 명의 아이들을 만나서 이야기를 나누다가 방금 전에 사 온 과자와 음료수를 나누어 먹기로 했다. 그런데 아이들은 냉큼 받아들더니 얼른 유통기한부터 확인하는 것이었다. "이건 유통기한이 지났는데요." 나는 참으로 난처해졌다. 불량 음식을 아이들에게 공급하는 나쁜 어른으로 몰릴 판이었다. "얘들아, 그럼 먹지 말자"하고 황급히 거두려니까 그중 나이 든 아이가 선고를 하듯이 말했다. "유통기한이 이 정도 지난 것은 먹어도 돼." 그러자 다른 아이들이 좀 미심쩍은 얼굴을 하다가 에라 모르겠다는 식으로 음식을 먹기 시작했다. 나는 먹지 않아도 된다고 몇 번을 말했지만, 아이들에게 이미 내 존재는 무시되고 있었다.

얼마 전 일본 테시마(手島)라는 섬에 미술관 순례를 갔다가 원주민이 하는 구멍가게에 들렀다. 한자리에서 오십 년 이상 장사를 했다는 주인 할머니와 이야기를 하려고 들렀던 것인데, 그곳 좌판에 널려 있는 물건 역시 먼지를 뒤집어쓰고 있었다. 초콜릿 하나를 집어 들었다. 초콜릿은 유통기한이 한 달 지나 있었지만 그 아이의 말처럼 이 정도는 먹어도 된다고 생각했다. 식품 규제가 엄격한 일본에서도 구멍가게의 사정은 우리나라와 별반 다르지 않았다. 마을 이야기를 나누고 나오는데 할머니는 그곳 특산물인 싱싱한 귤(딸이 귤 농장을 한다고 함) 두 개를 그냥 먹으라고 내 손에 쥐여 주었다.

'낡은 방' 연작. 전북 진안. 2011.

기억의 방

우연한 기회에 동네 할머니 방의 문지방 위에 걸린 오래된 가족사진을 찍게 되면서 '낡은 방' 연작을 시작했다. 이 사진을 찍게 되면서 나는 깨달았다. '아, 오래된 방에는 이렇게 가족의 역사가 가훈처럼 붙어 있었구나. 자식을 낳고, 그들이 자라고, 결혼을 하고, 아이의 돌이나 부모님의 환갑을 기념하는 사진들을 찍고, 그것을 모아서 문지방 위나 벽에 온통 걸어 두고 늙은 부모는 살아가고 있었구나.'

진안 산골 마을을 자주 찾아다니며 사진을 찍었다. 이제는 이런 시골까지 이미 집 개량이 시작되어 비슷한 형태의 새 집을 지으면서 옛날 흑백 사진들을 모두 불태워 없애 버린다. "이런 구성없는 것을 놔두면 뭐하겠어요? 자식들도 이런 거 안 봐요" 하면서 다 버리고 겨우 최근 여행 다녀온 컬러사진이나 몇 장 앨범에 붙여 놓는다. 마을 회관에 가서 오래된 집을 찾자 모두 머리를 갸우뚱할 뿐 내가 찾는 그런 방(오래되고, 옛날 가족사진이 붙어 있는)은 이미 없다고 한다. 돌아서 나오려는데 그중 한 할머니가 부스스 일어섰다. "모르겠네, 우리 집은 이 마을에서 기중(가장) 오래됐지만 볼 것은 없는디…." 할머니는 좀 멋쩍었던지 마을 노인들에게 "안 그려도 나 집에 좀 가볼 참이었어" 하고 앞장을 섰다. 가면서도 할머니는 내내 "우리 집은 참말로 볼 것이 없구만요"라는 말을 잊지 않았다.

그런데 할머니의 마당을 들어선 순간 나는 감탄했다. 꾸밈이 없는 빈 마당을 지나 낡은 마루를 올라서자 할머니의 '낡은 방'이 있었고 거기에는 할머니네 가족의 역사가 온전히 담겨져 있었던 것이다. 게다가 열린 뒷문으로 보이는 뒷마당 풍경은 정겹다 못해 가슴을 뜨겁게 했다. 이끼 낀 돌 위에 다정하게 자리한 항아리들이 할머니의 손을 타서 여기저기서 반짝반짝 빛을 내고 있었다. 방 한가운데에는 숫자판이 큰 전화기 한 대와 구형 텔레비전이 놓여 있고, 벽에는 자식 손자 들의 사진과 이미 고인이 된 남편 사진이 본인 사진과 나란히 방문 위에 걸려 있다. 오른쪽 벽에는 어린 손자의 한글 그림표가 붙어 있다. 이런 정겨운 기억의 징표들이 물질만능주의 앞에서 '우리 집에는 아무것도 볼 것이 없는 것'이 되어 버려 할머니의 기를 죽이고 있었다.

오래되고 낡았기 때문에 좋은 것이 아니라 우리가 기억해야 할 역사를 간직하고 있기에 소중한 것이다. 그것들이 다음 세대에게 오롯이 전해졌으면 하는 간절한 마음을 모두 갖고 있을 것이다. 그럼에도 우리가 무심하게 흘려보내는 시간 속에서 이런 것들은 사라지고 있다. 이것을 누군가는 정리해서 밝혀 두지 않으면 사라지고 말겠기에 찾아 나서는 내 발걸음에는 조바심이 묻어 있다.

'낡은 방' 연작. 전북 진안. 2011.

늙는다는 일

시린 무릎에 파스를 붙인다.

부는 바람 앞에만 서도 눈가에 자꾸 눈물이 고인다.

늙는다는 일은 죽음과는 별개의 고통이다.

'낡은 방' 연작. 전북 진안. 2010.

우리 할아버지의 노래

"함평 천지 늙은 몸이 광주 고향을 보랴 하고 제주 어선 빌려 타고 해남으로 건너갈 제 흥양에 돋은 해는 보성에 비쳐 있고 고산의 아침 안개 영암을 둘러 있다."

할아버지로부터 이 노래를 처음 들은 것은 초등학교 다닐 때였다. 할아버지는 대청마루에서 모시 적삼을 깨끗이 다려 입고 북을 당기며 「호남가」를 부르시곤 했다. 당시 할아버지는 인물이 곱상하신 데다 아직은 젊었고 근동(近洞)에서 돈깨나 쥐고 있다고 소문이 나던 때라 한량의 풍채가 엿보였다. 한때는 송정리극장도 흥정을 할 만큼 현금을 쥐고 있었다는 소리도 있고 내가 본 바로는, 할아버지는 가끔 돈을 다리미나 인두로 다리시곤 했다. 당시는 돈이 귀해 물건을 쌀이나 보리쌀로 사던 시절이라 희한한 풍경이었다. 할아버지는 일제강점기에 장사를 해서 돈을 많이 모았다고 들었다. 그러나 내가 본 것은 깨끗한 옷을 차려입고 북을 치며 노래를 부르거나 돈을 정리하거나 헤프게 사는 가족들에게 꾸지람을 하는 모습이었다. 할아버지는 돈을 한 푼이라도 쓰는 것을 싫어해서 누구든지 간에 돈을 달라고 하면 역정부터 낼 뿐만 아니라 주머니에서 돈 나오는 것을 보는 일은 거의 없었다. 그런 그에게 외동아들(나의 아버지)이 하나 있었고 그 아들은 시대의 풍운아루 돈 쓰는 일을 개의치 않았다. 대학을 나오고 문학을 하고 교육사업을 한다고 지방에 학교를 세우는 일을 했다. 그 돈이 어디서 나왔겠는가. 돈 안 쓰기로 근방에 소문이 자자한 할아버지였지만 오직 자식 사랑에 눈이 먼 아내(할머니)가 그 돈을 빼내서 자식을 도왔다. 시름이 많던 할머니는 갑자기 돌아가시고 아버지는 모든 일이 실패로 돌아가고 객지로 떠돌았다.

할아버지는 나중에 아들이 다 망해 먹고 남은 재산을 챙겨서 시골 학교 앞에 구멍가게를 냈다. 그리고 헛간 같은 모정(茅亭)에 앉아서 가끔 북채를 내리치며 이미 늙어 쉰 목소리로 「호남가」를 부르시곤 했다.

"함평 천지 늙은 몸이 광주 고향을 보랴 하고…."

김치수제비

삼천 원 하던 김치수제비를 오백 원 올려서 삼천오백 원을 받게 되었다고 주인은 미안한 얼굴로 웃는다.

비가 오는 날, 대통령 선거 투표도 하고 아는 후배 전시장에 얼굴도 비치고 이런저런 일들을 마치고 식당에 들렀다.

통통한 바지락이 서너 개나 들어 있는, 먹어도 먹어도 양이 줄지 않는 얼큰하고 담백한 수제비를 먹으며 나는 연신 코를 풀어 댄다.

"이제 양 좀 적게 주세요"라고 했더니 '적게 한다고 했는데 한두 점 더 넣다 보니 곧 그리된다'는 답변이 건너온다.

하하하!

싸고 맛있고 배부르게 먹는 일은 여간한 즐거움이 아니다.

이곳의 메뉴는 단출하다.

수제비와 라면, 한가한 시간에는 파를 듬뿍 넣은 계란말이

'삼천 원의 식사' 연작. 전북 전주. 2014.

주문도 받는다.

음식 값은 삼천 원에서 사천 원, 그 이상을 넘지 않는다.

다음에 가서는 울트라라면을 먹었다. 거기에는 라면, 만두, 떡, 콩나물, 김치가 들어 있어 그야말로 버라이어티하다.

역시 양을 적게 달라는 주문은 통하지 않았다.

비록 상가 귀퉁이 작은 구멍가게 자리에 들어앉은 식당이지만 넉넉한 인심과 주인장의 구수한 솜씨로 주머니가 가벼운 도시 사람들 사이에서 오래전부터 소문이 난 곳이다.

이제 나이가 드니 맛으로 먹는 것보다 정(情)으로 하는 식사가 더 좋다.

'빈방에 서다' 연작. 전북 군산. 2015.

꽃무늬 양산

'빈방에 서다' 작업을 하러 군산의 소룡동 빈집을 여러 차례 방문하면서 가슴 아픈 일을 꽤 겪었다. 그 징후는 창문이 없는 두 평 남짓한 방 안으로 들어서면서 느꼈던 숨 막히는 불안이 그 시작이었다. 작은 침대 하나만으로도 가득 찬 어두운 방을 빠져나가니, 더 음습한 곳에 빨간 의자 하나가 놓여 있었다. 그곳만이 방 주인의 유일한 휴식처인 것처럼 생각되었다.

스스로 은둔한 것인지, 아니면 누군가에 의해 은폐를 당했을지도 모른다는 영화적인 상상력이 나를 점점 조여 오던 어느 날이었다. 신흥동 산비탈 빈집 촬영을 하러 가서 한 평 반 정도의 어두컴컴한 욕실 안에서 목에 밧줄을 걸고 자살한 한 남자를 보고 말았다. 나는 도망쳐 내려왔고, 그것이 인형일지도 모른다고 연거푸 주장을 했는데, 그 말을 들은 지인이 119에 신고를 해서 마무리가 되었다.

그 후 나는 빈집 앞에 핀 유채꽃을 보고도 가슴이 철렁 내려

앉았고, 빈집 앞에 버려진 냉장고를 찬찬히 들여다볼 용기도 없어졌다.

어느 날, 빈집의 부엌에 걸린 꽃무늬 양산이 내 눈에 시리게 들어왔다.

바로 엊그제까지 쓰고 다녔을 모양새가 너무나 새록해서 두고 간 애완동물처럼 애잔한 숨결이 느껴졌다. 금속성의 금빛 도금을 한 손잡이가 가난한 초로의 여인의 고달픔과 더불어 잰 발걸음으로 다가왔다. 나는 한참을 그 자리에 서서 아스라하게 형태를 잃어 가는 한 인간의 영혼을 떠나보내듯, 부엌에 걸린 주인 없는 꽃무늬 양산을 오래도록 바라다보았다.

황해디젤

사람이 사는 터를 뒤돌아보면 생각보다 형편없이 작다는 것을
재해위험지구로 지정되어 철거하게 된 군산 소룡동의 빈 땅을
다시 찾아가 보았을 때 느꼈다. 이렇게 다닥다닥 미로 같은 곳
에 방 한두 칸에 살며 공용화장실을 쓰면서도 마지막까지 살
아 보자고 이백여 호가 버틴 것이다. 이곳은 원래 황해도 근처
에서 피란 온 사람들이 많이 모여 살았던 곳으로, 무허가 주택
이라 보상금도 제대로 받지 못하고 떠난 사람들이 많단다. 국
가에서 혜택을 준다는 '보금자리아파트'도 밑돈이 없어서 꿈
도 못 꾸고 쫓겨난 사람들이 대부분이었다. 그곳에 아직도 두
세 집의 주민이 남아서 산다. 이들은 그래도 그나마 형편이 좀
나아 그 임대아파트에 들어가기 위해서 기다리고 있는 것을
보람으로 여기고 있다.

'황해디젤' 할머니는 몇 번을 가도 집에 없었다. 새벽 간조
때 바다에 나가 조개를 캐서 팔러 갔었다고 했다. '황해디젤 공

'빈방에 서다' 연작. 전북 군산. 2015.

업사'는 항구에 배가 자주 드나들 때 배 수리를 하던 곳으로 여러 공기구가 없는 것이 없을 정도로 흥미로운 가게인데, 늘 문은 열려 있지만 사람이 없었다. 갈 때마다 열려 있는 빈집을 기웃거리며 주인을 만나 보고 싶었던 터라 얼굴을 보니 괜히 반가운 마음에 '과장된 몸짓'으로 인사를 했더니 반갑게 맞아 주었다.

'빈방에 서다'를 찍으러 다닐 때 대낮인데도 벌집 같은 공간에 인기척이 없고 괴괴하기도 해 등짝이 오싹했던 경험이 많아, 그날은 평소 알고 지내던 사십대 '젊은 남자'를 데리고 갔다. "부부여?" 할머니는 뻘에 박힌 폐선이 군데군데 서 있는 해변가에다 지은 간이 모정(茅亭)에서 조개를 까며 무심히 물었다. "네?" 나는 깜짝 놀라서 반문했다. "아들 같은 나이인데요" 하고 대꾸를 하며 생각했다. '눈이 어두우신가?' "요새는 그런 사람들도 있잖여"라며 할머니는 흔연스럽게 말했다. 그까짓 세상의 가십거리가 뭐 그리 대수인가 하는 얼굴로 웃고 있었다.

"모두들 어디로 떠났나요?" 나는 모정에 걸터앉으며 조심히 물었다. 그이는 나를 빤히 쳐다보았다. "다들 어딘가에서 살고 있겠지 뭐. 죽지 않았으면." 만조 때 일 년에 한두 번 물이 넘쳐 들어와 위험지구 정비사업으로 사라지게 된 동네다.

"위험하다고 해도 자기들 도움 안 받고 지금까지 살았는데 뭘, 이 판자촌이 있는 사람들 눈에 보기 싫으니까 밀어 버린 거라고 말들 하드만…." 할머니는 담담하게 말했다.

'철거반대 씨부럴'이라는 낙서가 있는 벽은 이미 허물어지고 없었다.

행정가나 일부 선민의식을 가진 사람들에게는 '위험지구 지정'이란 말 속에 있는 '미관상'이라는 속뜻이 더 크게 작용했을 것이다. 안 그렇다면 철거민들에게 변변한 주거지 하나 마련도 안 해 주고 내쫓아 버렸겠는가. 임대아파트 이사를 앞둔 두세 채를 남기고 근처의 집들을 굴삭기로 마구 부수고 있는 가운데, 할머니는 헝클어진 항구의 풍경이 남은 모정에서 무심히 조개를 까면서, 엄살 없이 사는 사람들의 담담한 얼굴로 웃으며 우리를 배웅했다.

2

나무야, 아픈 나무야

나는 특별히 피도 눈물도 없이 메마른 성정(性情)의 사람이라고 할 수는 없으나 결코 따뜻한 사람 축에는 못 든다고 생각하며 살아왔다. 젊은 시절 연극학교에서 연기를 할 때도 눈물 흘리는 것이 제일 어려웠다. 눈물 흘릴 일이 별로 없는 순탄한 인생살이여서라기보다 '못난이같이 질질 울지 말고 스스로 이겨내라!'는 아버지의 교육 탓이라고 돌려서 말하고 싶다. 그러나 나의 본바탕은 강인함이나 당당함과는 별로 맞지 않았었던지, 성장하는 동안 감정 표현이 서툴렀을 때도 종종 있었고 인생길이 내 뜻과는 다른 엇박자로 나아가기도 했다. 딸의 성격에 잘 적응을 못하던 어머니가 말했다. "넌 참 이상한 애여, 남들이 성질부릴 때는 안 부리고, 안 부릴 때 성질을 부리니 말여." 정(情)도 그랬다. 마땅히 줘야 할 정은 안 주고 안 줘도 될 정을 주기도 하는 경우가 많았던 것 같다. 그래서 인생이 유독 고달프지 않았을까 싶기도 하다.

서학동사진관에 길고양이들이 앞뒤로 벽을 타고 난리를 부

전북 전주. 2017.

려도 난 본체만체한다. 아는 이가 강아지를 식구로 한 마리 더 들여와서 예뻐 죽겠다는데도 나는 심드렁하다. '뭐, 가까운 사람들도 다 못 챙기고 사는데 동물들까지. 오지랖도 넓구려!' 하는 식이다. 어느 날은 사진관 카페 낮은 함석지붕 틈새에 고양이가 새끼를 낳고는 부스럭거리기 시작했는데 마치 내 정수리에 올라앉아 있는 것 같아 미칠 지경이었다. 그들도 이런 나와 동거하는 것이 불편했던지 며칠 후에 떠났다. 그 어린 새끼들을 데리고 떠나가는 어미 심정이 오죽했을까 하는 안쓰러움이 없지는 않았지만, 머릿속이 맑아져서 '이제 좀 살겠네' 하는 모진 생각도 슬그머니 들었다.(아이고, 인정머리 없는 인간!)

평소에 누구에게 기댄다는 것은 나 자신을 나약하게 만드는 일이며 또 너무 쉽게 살려는 것처럼 느껴져서 서로에게 적당한 간격을 유지하는 것이 바람직하다는 생각으로 살아왔다. 어느 날 우연히 산비탈에서 나뭇가지 하나가 땅 쪽으로 뻗어와서 땅을 기대고 자라고 있는데 다른 가지보다 훨씬 많이 자라 있는 것을 보았다. 저 비탈에서 부대끼다가 단단한 땅을 기대고 누우니 얼마나 편했기에 저리 속 보일 정도로 자라 버린 것일까. 애잔함과 부자연스러움이 교차해서 쓸쓸히 웃었다.

굳이 '사람 인(人)' 자를 예로 들지 않더라도, 기댄다는 것! 기댈 수 있도록 곁을 준다는 것이 사랑이라는 것을 왜 나는 그토록 오랜 세월 모른 체하며 살았을까.

어느 날 '놓다, 보다' 연작 작업을 했던 건지산(전북대학교

뒷산) 숲을 지나가는데, 병을 앓던 나무가 쓰러졌던지 누군가가 나무의 몸뚱이를 서 있는 곁 나무에 기대어 놓은 것을 보게 되었다. 가슴이 뭉클했다. 그래, 잠시라도 그렇게 기대고 있으렴. 내가 네 어깨를 받치고 서 있을게. 그렇게 서 있는 나무는 사라지는 다른 나무의 시간을 지키고 있었다.

순간의 선택

'순간의 선택이 십 년을 좌우한다'.

이십여 년 전 G사(社)가 내세운 광고 카피 문구로, 그 유명한 G사보다도 사람들의 머릿속에 더 오래 남아 있다. 사람은 매 순간 크고 작은 선택을 하며 살아간다. 나의 경우, 아침에 서울을 갈 것인가 말 것인가, 버스로 갈 것인가 기차로 갈 것인가, 생각해 보니 가지 않아도 큰 지장이 있는 일도 아니나 그렇다고 안 가면 여러 사람과 약속을 다시 해야 하고 일을 다음으로 미뤄야 하는 것 때문에 망설이게 된다. 이십칠 년 전 미국, 캐나다 배낭여행을 떠나자고 친구 셋이 계획을 짰으나 여행이 임박해서 두 친구가 안 가겠다고 취소했을 때 나는 약간 당황했지만 혼자 떠났다. 그땐 그 일이 요즘 내가 서울에 갈 것인가 말 것인가보다 더 복잡한 문제가 아니었다. 젊은 시절 그 단순함이 나를 절망하게도, 용기를 갖게도 했다.

여러 해 국립미술대학을 가겠다고(돈이 적게 들어서) 준비했으나 번번이 낙방하고 이 년제 연극학교를 찾아갔다. 연극

'놓다, 보다' 연작. 전북 전주. 2014.

이 하고 싶기는 했지만 돈도 없고 해서 꼭 가려는 마음도 없었는데, 원서를 쓰러 간 교무처에서 우연히 마주친 한 교수님을 보고는 단번에 결정하고 말았다. 그 교수님의 매력에 반해서 장학금이라도 받아서 가야지 하고 야멸찬 결심을 했다. 그렇다고 후에 그 교수님에게서 큰 영향을 받은 것도 아니다.

　나는 요새 큰 슈퍼에 가는 것이 정말 귀찮다. 그래도 집 근처 작은 가게에서 사기는 마땅찮은 것도 있기 마련이어서 망설이다 한 번씩 간다. 그런데 주차장에 차를 세우고 카트를 끌고, 여기저기서 물건을 골라야 하고 계산대에 줄 서야 하는 일이 정말 번거롭다. 거기서도 이것을 사야 할지 말아야 할지 물건을 카트에 넣었다 뺐다 하기를 거듭한다. 이런 사소한 일에는 하루를 허비하면서 자동차나 집을 사러 가서는 큰 액수임에도 그만큼 고민하지 않는다. 기능이나 환경보다는 디자인이나 모델을 보고 마음을 정한다. 사람 사귀는 일도 거의 단번에 결정되는 것 같다. 나중에 이런저런 이유를 대지만 사실 첫눈에 이미 결정을 내리고 있었다. 그래서 나는 이미 오류를 안고 시작하는 것이다. 순간의 선택이 십 년이 아니라 평생을 안고 가는데, 정말 중대한 결정을 순간에 해 버리고 그 감당을 하면서 사는 것이 본인의 굳건한 의지라고 치부한다. 매사에 좀 더 신중했더라면 내 인생이 바뀌지 않았을까 하는 후회도 해 보지만 그것이 인간이 지닌 운명적인 모순 중 하나가 아닐까 싶다.

'놓다, 보다' 연작. 전북 전주. 2015.

밥

밥은 공허하다.

밥이 왜 공허하냐면
밥은 나의 슬픔과 상관없이
밥은 나의 굴욕과 상관없이
밥은 나의 패배와 상관없이
입으로 들어가
침샘을 자극하며
꿀꺽꿀꺽 넘어간다.

밥은 공허하다.

'놓다, 보다' 연작. 전북 전주. 2014.

불면증

어느 날 대학병원에서 '리○○○정' 0.5밀리그램 한 달분을 처방받고 돌아왔다.

나는 팔 년 전에도 이 대학병원의 같은 의사 선생에게서 불면증과 우울증 치료를 받으러 다녔다. 약을 먹으면 잠이 오고 약을 끊으면 잠을 자지 못한다. 이틀이고 사흘이고. 그러니 이건 치료라기보다는 임시 처방이라고 봐야 할 것이다. 그동안 대학병원에 오지 않았던 이유는, 매달 날짜와 시간을 정해서 찾아와야 하며 진료부터 약국에서 약을 받기까지 하루 온종일 기다리는 일에 지치게 되었기 때문이다. 그래서 동네 병원에서 처방을 받아 십 년 넘게 수면제를 복용해 왔는데 그것마저 내성이 생겨서 듣지 않으니 이제는 미칠 지경이다. 잠을 내 의지로 자 본 지가 얼마나 됐는지 기억조차 나지 않는다. 인생에서 '잠'조차 제 의지대로 못 자는 인간의 서글픔이라니.

약의 양을 더 늘리게 되었지만 잠이 안 오니 새벽에 무엇인가를 먹게 된다. 평소 식탐이 없는 편인데도, 먹는다는 것이 불안을 해소해 주는 원초적인 조건인 것처럼 참기 힘들다. 아침에 일어나면 간밤에 무엇을 먹었는지 몽롱할 뿐인데, 빈 그릇들이 식탁에 너저분하게 놓여 있는 것을 보면 절망감이 앞선다. 이러다 내가 무슨 짓을 할지 모르겠다는 무서운 생각까지든다.

이대로 가다가는 안 되겠다 싶어 다시 대학병원을 찾기로 했다. 기대에 비해 별 성과가 없다는 판단은 나의 오해인지도 모르지 않은가! 오랜만에 그것도 더 심각해져서 다시 찾아가게 되니 괜히 내가 패배자 같다는 생각이 들기도 했다. 팔 년 전의 의사는, 물론 차트를 봐서겠지만 나를 기억했다. 사진이나 정미소 같은 내가 했던 이야기들을 토막토막의 분량으로 기억하고 있었다.

불면증의 원인은 수면 아래로 가라앉아 있다. 오늘 처방받은 약은 그동안의 약과는 좀 달랐다. 그래서 인터넷에서 효능을 찾아보았더니 '리○○○정'은 '간질 발작을 완화'시켜 주며 '공황장애 치료제'로 쓰인다고 나와 있다. 웃음이 나왔다. 최순실도 앓는다는 공황장애는 뭣이며 간질은 또 무슨 이야긴가? '이건 마치 청와대에서 발기부전 개선제인 비아그라를 고산병치료(실제로 사용했을 리 없겠지만)로 썼다고 하는 이야기나 별반 다름없네' 하는 생각이 들었다. 그런데 이런 때면 나를 종종 나무라던 우리 어머니가 또 떠오른다. "세상에는 너보다 똑똑한 사람들 천지여. 남을 인정하는 자세를 가져 봐." 그렇다.

대학병원 의사가 오죽이 알아서 처방을 했겠는가. 십 년이나 넘도록 잠 한 번 제대로 못 자고 사니 별 생각이 다 든다.

"너무 예민하신 성격이시구먼요." 잠자리를 바꾸면 약을 먹어도 거의 잠을 못 잔다는 하소연을 했더니 의사가 무심히 한 말이었다. 나는 실소했다. 아무리 정신과 의사의 말이지만 상황을 너무 쉽게 넘어가자는 말 같다.(또, 또, 따지지 말자) 정신과 의사도 '예민'하다고 말하는 나도, 한때 스스로를 '관대한' 사람인 줄 알고 살아왔으니 남들이 들으면 웃을 일이다.

'자영업자' 연작. 전북 전주. 2016.

도향다방

남부시장 골목길에 있는 중국집에 들러 혼자서 물자장면 한 그릇을 사 먹고 일어섰다. 오늘이 생일이었지만 객지에 사는 아이들이 저희들 편의상 지난 주말에 들러 식사를 하고 가고 나니 혼자서 처량 맞게 앉아 있다가 카메라를 메고 나선 것이다. 도향다방은 일전에 시인들과의 모임 때문에 알게 되어 한 번 가 본 적이 있다. 그야말로 '옛날식 다방'의 독특한 분위기라서 잊지 않고 있었지만 다시 찾아가 사진을 찍자고 할 용기가 선뜻 나지 않아 미루어 오다가 오늘에서 찾아 나선 것이다. 그러고 보면 다큐멘터리 작가가 된다는 것은 여간한 비윗장이 필요한 일이 아니다. 나름 '소신'이라고 표현하지만 말이다.

마침 다방엔 대여섯 명의 손님이 다탁(茶卓) 위에 과일 한 접시와 떡을 놓아두고 침울한 분위로 이야기를 나누고 있었다. 나는 마담에게 일전에 시인들과 함께 왔던 사람이라고 겸연쩍게 말을 걸었다. 그녀에게 시인들이 무슨 대수랴만 달리 말을 붙일 구실이 없었다. "아, 그때! 그런데 이제 그 양반들은 안 오시더라구요. 더 좋은 곳들이 많이 생기니까….” 이렇게 말하면서도 마담은 흔연스럽게 나를 맞아 주었다. 내가 '가장 맛있는 차'를 한 잔 달라고 주문을 했더니, 마담이 쌍화차 한 잔과 떡 한 접시와 과자 서너 개가 담긴 쟁반을 들고 나왔다. 옆 탁자에서는 며칠 사이에 늘 오던 손님 중에서도 각별했던 이가 둘이나 죽었다고 안타까워하는 이야기를 계속하고 있었다. 노인들이 주요 손님들이어서 그런 일이 한두 번 있는 일은 아닌 듯했다. 그 중간에 나는 염치없게도 사진을 찍자는 이야기를 하고 카메라를 들이댔다. 마담은 사진발이 없어 사진을 찍기 싫어한다고 사양을 했으나 못 이기는 척 잠시 포즈를 취해 주고 인터뷰에 응했다. 게다가 나오면서 찻값을 지불하려 하자 일 보러(사진 찍으러) 왔으니 이번에는 그냥 가라면서 떡까지 싸 주었다.

어린 시절 할머니는 생일이 되면 꼭 떡을 해 주셨다. 그때는 모두가 가난했던 시절이라 그것은 큰 호사였다. 그래서 그런지, 생각지 못한 곳에서 떡을 받으니 위로받는 느낌이 들었다. 만 원 한 장을 탁자 위에 놓고 일어서니 기어이 나와 돌려준다. 도향다방(桃香茶房). 어떤 사람들이 자기한테 복사꽃 향기가 난다고 말한다면서, 그러나 마담은 “그럴 리가 있나요?” 그 말을 부정하는 모습에서 아, 어쩌면 그녀에게서 복사꽃 향기가 나던 시절이 있었을지 모른다는 생각이 들었다.

서학동 버드나무

지금은 서학동 예술마을이 서학동을 대표한다고 말하는 사람도 있다. 불과 사오 년 전만 해도 팔십년대를 연상시키는 건물들이 처마를 맞대고 있는 도시의 가난한 외곽 동네였는데, 예술인들이 작업실을 내면서 하나둘 모여들다 보니 예술마을이 되었지만, 아직도 오래되고 가난하여 버리기도 취하기도 난감한 모습들이 서로 어우러져 있어서 흥미롭다.

이 마을에는 삼산이용원이라는 간판을 달고 있는 오래된 이용원이 있는데 삼십 년 이상의 역사를 지니고 있다. 서너 평의 작은 공간은 옛날 이용원 모습 그대로이고 주인은 육십대로 보이는데, 소녀의 단발머리를 연상시키는 모양을 하고 있어서 앞집 카페 주인은 그 모습이 늙은 엘비스 프레슬리를 연상시킨다고 '엘비스'라고 불렀다.

엘비스의 이발소에는 매일 할아버지들이 모여서 놀았다. 하루는 내가 사진을 찍으러 들어갔는데 도마에다 생간을 썰어 놓고 술을 마시며 유쾌히 떠들고 있었다. 할아버지들이 나를

'자영업자' 연작. 전북 전주. 2016.

괴이쩍게 쳐다보니 엘비스가 나를 소개했다. '저 아래서 사진관하는 사진사'라고. 그러자 할아버지들이 번갈아 가며 나에게 힐난조로 말했다. "저번에 영정사진 찍어 준 디구먼." "응! 형편없어." "사진도 아주 못 찍더구먼. 찍으려면 제대로 찍어야지." 사실인즉슨 서학동사진관을 시작하면서 기념사업으로 아는 작가 한 분이 제자들과 함께 서학동 어르신들 백오십여 분에게 영정사진을 무료로 찍어 드린 일이 있다. 그런데 바쁜 일정에 서두르다 보니 어르신들께서 간혹 마음에 안 든 구석도 있었던 모양이다.(노인들은 대개 실제 본인 모습을 여과 없이 담은 사진을 싫어하는 면도 있다) 아무튼 그 일로 칭찬보다는 내가 사진도 잘 못 찍는 사진사로 소문이 난 모양이었다.

'자영업자' 작업을 하면서 삼산이용원을 여러 차례 방문했는데 주로 할아버지들이 모여서 술 한잔씩을 하며 놀고 있었다. 그리고 늘 같은 말로 '사진도 못 찍는 사진사'라는 인사는 빼놓지 않았다.

코끝이 빨간 할아버지들의 그런 인사는 악의가 없었기에 나는 늘 웃어넘겼지만 이것보다 카페 주인이 들려준 더 재미있는 이야기가 있다. 이야기인즉슨 할아버지들이 매일 술을 마시고 이발소 앞 버드나무에 오줌을 싸 대기 때문에 그 큰 버드나무가 시름시름 앓다가 다 죽게 생겼다는 것이다. 내 눈으로 직접 본 것은 아니니 그 말이 사실인지 아닌지는 모르나 아무튼 그 버드나무가 정상이 아닌 것은 분명하다.

건지산. 전북 전주. 2016.

건지산 할아버지의 땅

어떤 할아버지가 건지산 한가운데 텃밭에서 가꾼 채소들을 길
바닥 한쪽에 풀을 눕히고 좌판을 벌인 것은 재작년부터였다.
상추 한 바구니 이천 원, 쑥갓 한 무더기 이천 원, 애호박은 크
고 작은 것 상관없이 천 원, 그때그때 밭에서 뜯어다가 놓아두
면 산책 나왔던 사람들이 발길을 멈추고 한두 가지씩 사 들고
간다. 대체로 천 원에서 이천 원의 가격이 붙어 있지만, 붉은
고추가 나오는 철에는 한 바구니에 오천 원이라 붙여 놓고 추
가 달린 막대기저울로 달아 준다. 혼자서 막대기저울 눈금을
가리키며 이만큼 줄 것을 이만큼 더 많이 주는 것이라며, 자기
는 절대로 저울눈을 속이는 못된 사람이 아니라는 둥 할아버
지는 진지한 어투로 말하곤 했다. 할아버지는 그것들을 팔기
위해 옆에 서 있지 않고 밭에서 일을 하거나 멀찌감치 있는 원
두막 겸 창고에서 쉬고 있다가 사람이 부르면 천천히 걸어서
왔다.
　할아버지는 저 아래 송천동에 살며 이 땅은 남의 것인데 놀

고 있어 세를 조금 주고 '심심해서'를 강조하며 경작을 해서 용돈을 벌어 쓴다고 했다. 할아버지의 채소 값이 슈퍼에 비해 싸지는 않았지만 싱싱하고 땅심이 있어 보여 가끔 사 가지고 오는데, 이것저것 주워 담다 보면 산책길에서 돌아오는 손이 무거워 후회를 하기도 한다.

겨울이 지나고 이른 봄이 오면서부터 할아버지는 혼자 밭에서 삽으로 땅을 파기 시작했다. 갑자기 꽃샘추위가 와도, 바람이 심하게 부는 날에도 할아버지는 혼자서 땅을 파고 있었다. 내가 보기에 천 평은 되는 것 같았다. 한 평이라도 땅을 삽으로 파는 일을 해 본 사람은 그 일이 얼마나 힘든 일인지를 알 것이다. 요즘은 트랙터가 한 번 지나가면 곱게 갈아 놓으니 땅 파는 일로 그리 애쓰지는 않는다. 그러고도 씨 뿌리고 가꾸는 데 풀과 벌레와 실랑이를 벌이는 일이 만만치 않다.

어느 날 완연한 봄이 오고 드디어 할아버지의 밭에서는 빨간 상추, 푸른 상추, 마늘 등이 힘차게 대지를 뚫고 올라와 아침 햇살을 받고 장엄하게 그 빛을 드러내고 있었다. 이제 조금 있으면 산책로 옆에다 좌판을 벌일 것이다. 풀들은 이미 자리를 비켜서 있어 그곳은 작은 공터가 되어 있다. 상추와 쑥갓, 풋마늘이 각각 정가표를 붙이고 나앉을 것이다. 나는 주머니에 약간의 돈을 챙겨 가는 것을 잊지 않으면 된다.

안개 속 같았던 삶

내가 세 살 때 한국전쟁이 일어났다. 나의 사적인 이야기에서 굳이 한국전쟁까지 언급하는 것은 우리 세대가 그 후로도 역사를 바꿀 만한 사건들인 사일구, 오일륙, 오일팔을 겪어 온 사람들이라는 것이다. 생애를 통해 겪은 그 신산한 아픔은 스스로 강인함을 동반하는 것이다.

전쟁 중에 남동생은 어머니 배 속에 있었다. "그래서 네 동생은 그때 간이 콩알만 해져서 여자인 너보다 맘이 약한 거여"라고 어머니는 내가 어릴 때부터 내내 '약한' 아들 편을 들었다. 어머니는 지금도 내가 강한 사람인 줄 안다. 나는 그것이 여간 서운한 게 아니었다. 나는 강인함보다는 스스로 갖추어진 사람이고 싶었다. '자기 배 속으로 나은 자식 맘도 모르는 양반이여.'

나의 바람과는 달리, 어머니에게까지 내가 강하게 보이는 이유가 무엇일까. 강하다는 말 속엔 억척스럽다는 숨은 뜻이 있는 것 같아, 그것이 서운해서 며칠이고 어머니를 향해 눈을

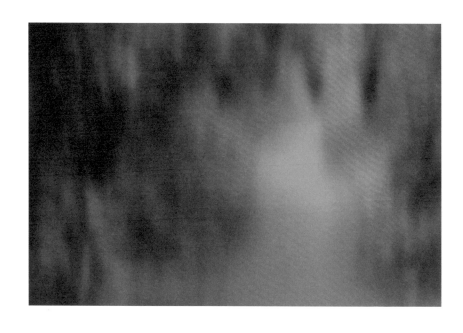

'건지산' 연작. 전북 전주. 2017.

흘기는 소심한 성격인데 말이다.

어릴 때부터 키가 작은 데다 공부도 못 해서 존재감이 없었다. 어쩌다 여섯 살에 초등학교에 입학(당시에는 나이 제한이 없었다. 아저씨 같은 사람도 같은 반이었다)해서 더욱 무시당하기 십상인 처지였다. 중학교에서 대학까지, 진학할 때마다 입학시험에 낙방을 했다. 그럼에도 예술에 대한 열망은 하늘을 찔러서 그것을 이룰 수 없는 환경을 이기지 못하고 스무 살즈음에 폐결핵을 앓아 죽을 뻔하다가 살아났다. 그리고 나는 중년의 삶을 힘겹게 살아냈다. 쉰이 되면서 드디어 찾아낸 것이 사진이었다.

그런데 갈 길은 안개 속이었다. 사진을 전공한 것도 아니고 나이도 많고 지방에 있는 초로의 한 아줌마의 처지였다. '왜 사진을 시작했느냐' '왜 정미소를 찍기 시작했느냐' '왜 계남정미소를 시작했느냐' '왜 서학동사진관을 시작했느냐'고 수없는 질문을 받았다. 별로 이렇다 할 계획이 있어서 시작한 것이 아니라서 속 시원한 답변이 나올 리 없었다. 시원찮은 답변을 하다 보니 그저 성격이 대찬 사람인가 보다는 결론이 내려진 것 같다.

나는 예술이 대단한 것이라고 생각하지는 않는다. 그보다 더 중요한 것들이 얼마든지 많다. 그러나 나는 예술이 아니면 안 되는 사람이었다. 고등학교 때 미술에 관심을 두고 공부할 때도 뛰어나지 못했고 연극학교에 다니면서도 이런저런 이유로 인생을 걸 것을 포기했다. 그래서 예술이 아니면 안 되는 사람이라는 나의 이야기는 과장일 가능성이 크다. 아니 그렇게 스스로 알고 있었다. 그러나 이제는 말할 수 있다. 나는 예술을 해야 삶을 견뎌내는 사람이라고. 설령 그것이 예술 근처에도 못 미치는 것이라 할지라도 그게 무슨 대수겠는가.

33800

대학병원으로 옮겨 봤지만 불면증은 치료가 되지 않고 온몸에 기운이 없다. 전시 일정이 꽉 차 있어 눈코 뜰 새 없이 바쁜데 나는 이미 지쳐 있고 잠은 더 이상 찾아오지 않는다. 내가 살아 있는 동안 이런 밤은 매일 반복될 것이다.

오늘은 예약 시간에 맞춰 이십 분 일찍 갔는데도 대기자가 많아 한 시간 이상을 기다렸다. 대학병원에서 이 정도 기다리는 것은 예사로운 일이지만 치료 효과를 크게 기대하지 않고 있는 나로서는 괜히 시간만 낭비하는 것 같아 더 지루했다. 수납 창구는 붐볐는데 기다리다 번호표를 창구에 내미는 순간에서야 지갑을 가져오지 않은 것을 알았다. 가방을 바꿔 나오면서 저지른 실수였다. 청구액은 33,800원이었다. 망연자실해 있으려니까 직원이 병원 계좌번호로 이체를 시키면 된다고 알려 준다. 젊은 애들은 스마트폰으로도 잘들 하지만 나는 그럴 수도 없었다. 남편에게 전화를 걸었지만 남편은 전화를 안 받았다. 갑자기 머리가 멍해지면서 당황스러워졌다. 이제 누구

'건지산' 연작. 전북 전주. 2017.

한테 전화를 걸지?

나는 꿈속에서 카드도 없고 현금도 한 푼 없이 어느 낯선 거리를 헤매다가 누군가에게 전화를 하려고 해도 걸리지 않아 식은땀이 났던 기억이 떠올랐다. 아는 몇 사람에게 전화를 해 봤지만 모두 연결되지 않았다. 나는 잠시 벤치에 멍하니 앉아 있었다. 갑자기 혼자가 된 느낌이었다. 내가 사는 손바닥만 한 지역 안에서 돈 33,800원이 이렇게 나를 고립시킬 수 있단 말인가?

오래 그렇게 앉아 있었던 것 같다. 수납 창구가 한산해질 무렵에야 겨우 생각을 추스른 끝에 서울에 있는 딸에게 전화를 해서 해결할 수 있었다. 이렇게 간단한 문제였구나! 그러나 내가 느낀 그 단절의 시간은 무서운 경험이었다. 창구 직원은 약국에 가서도 이런 절차를 받으면 된다고 말해 주었다. 그러나 더 이상 그렇게 하고 싶지 않아서 약은 내일 사기로 하고 집으로 돌아왔다. "엄마, 예술가들은 잘 그러잖아. 힘내요!" 그런 내 절망스런 기분을 눈치챘는지 딸에게서 문자 메시지가 왔다. 창구 직원의 "어르신들은 그런 일이 흔해요" 하는 위로의 말이 겹치며 발걸음에 힘이 빠져 갔다.

힘없이 돌아오는 동안 우리 서학동사진관에서 십일월에 전시를 하기로 한 작가에게서 연락이 왔다. "선생님, 우리 전시할 수 있게 지원금 받으셨나요? 최소한 작품 운반비 지원만 받아도 좋겠습니다." 난 "아, 그럼요. 그건 해결할 수 있어요"라고 대답했다. 그런데 '내가 해결할 수 있다'는 나의 답변은 잠도 제대로 못 잔 나에게 꿈속처럼 희미하게 되돌아왔다.

오늘 밤은 약을 못 사 가지고 왔으니 또 불면에 시달릴 것이다. 어쩌다 잠이 좀 든다면 꿈속 낯선 곳에서 돈도 없이 연락할 곳도 없이 고립 속에서 절망하고 있을 것이다. 인간의 고립이나 절망이 '33800'이라는 숫자로 구체성을 띠고 나타난 것은 이번이 처음이었다.

"좋은 하루 되세요"

아침에 일어나면 나는 건지산에 산책을 간다. 사실 한여름엔 너무 더워서인지 기운이 없어 나서다가 포기하는 날도 있다. 그래도 습관적으로 휴대폰을 들고 다니며 사진을 찍는 데 정신이 팔려 한두 시간은 족히 걸린다. 전에는 나무만 찍다가 요즘에는 산책 나온 사람들을 찍는다. 사람에게 포커스를 맞춰서 찍는 것이 아니라 그 형태를 무너뜨리고 전체적인 움직임이나 느낌이 강조되는 스타일의 사진을 찍는다.

앞에서 양쪽 목발을 짚고 천천히 힘겹게 걸어오는 한 늙은 남자를 보고 사진을 찍었다. 몸이 불편한 분들에게는 양해 없이 카메라를 들이대지 않는 편인데, 오늘은 형태가 번지는 방식이어서 휴대폰으로 조심스럽게 사진을 한 장 막 찍었다. 셔터가 찰칵거리고 나서 몇 초가 지나간 후 "좋은 하루 되세요"라는 인사가 들려왔다. 앞니가 빠진 입을 통해서 나는, 약간 바람이 새는 듯하지만 부드럽고 나직한 음성 뒤로 그 남자가 보일락 말락 입가에 미소를 짓는 모습이 보였다. 나는 뜻밖이라

'건지산' 연작. 전북 전주. 2017.

서 엉겁결에 그냥 꾸뻑 절을 했다. 그리고 한참을 지나와서야 뒤를 돌아보고 "좋은 하루 되세요"라고 오솔길 모퉁이를 천천히 돌고 있는 남자를 향해서 말했다.

어떤 말들은 반어적일 때 그 의미가 두드러지는 경우가 있다. '즐거운 인생'이나 '해피 데이' '뷰티풀 라이프' 같은 제목의 영화가 있다고 치자. 그 영화가 드러내고자 하는 메시지는 즐겁거나 행복하거나 아름답지 않음에도 불구하고 그것을 극복해내는 사람들의 이야기일 것이다. 그렇지 않으면 무엇하러 평범하기 짝이 없는 영화를 보러 가겠는가.

나는 너무 단순해서 감정 조절이 잘 안 되는 편이지만 내면의 깊은 사고는 감추고 사는 편이다. 이를테면 지금 행복한지 불행한지를 잘 드러내지 않는다. 젊은 시절에는 직장 사람들이 뭐가 그렇게 늘 행복하냐고 물었다. 사실 삶이 미치도록 불만이었는데 말이다. 그것은 나를 위장하기 위해서가 아니라 나로 인해 남이 불편하거나 분위기가 무거워지는 것을 원치 않았기 때문이었다.

힘겨운 삶을 살고 있음에 분명한 그 노인의 인사는 그날 나에게 정말 '좋은 하루'가 되리라는 기대를 선사해 주었다.

완산공원 팔각정 낙성기념. 전북 전주. 1971.

늙어서 만난 친구

다가동(多佳洞)은 전주천 옆 자락에 붙은, 오래된 민가가 옹기
종기 어깨를 나란히 한 동네로 이제 재개발로 헐리게 되었다.
작촌(鵲村) 조병희(趙炳喜, 1913-2003) 선생님을 다가동에서
뵌 것은 2000년도쯤이다. 그는 전주 출신으로 시조작가, 서예
가, 향토사학자로 활동을 하다가 작고하실 때까지 다가동에서
말년을 보냈다.

　돌아가시기 몇 년 전, 처음 찾아뵈었을 때 내가 생각하던 노
학자 이미지와 사뭇 다른 느낌에 놀랐다. 사뭇 다르다 함은 전
주라는 전통 도시에서 향토사학을 하고 한시(漢詩)며 서예로
이름을 날린 어른이라면 그 위엄과 성정이 대단해서 웬만한
서생이 비집고 들어갈 자리가 없을 줄 알았다. 그런데 구순을
바라보는 노학자는 문학이나 향토사에 대한 이야기를 순한 눈
빛으로 풀어 가기를 즐겼고, 서예에 대해서는 화려한 형식과
기교보다 내용을 중요시하는 마음을 지니고 있었다.

　당시 지자체장을 비롯한 외빈들이 선생님의 다가동 자택에

자주 드나들었었다. 선생님은 작은 사랑채에 거처하시고 방은 작았다. 전주에서 행세깨나 하는 손님들이 갑자기 방문하는 일이 있으면 나는 얼른 자리를 비키고 집으로 돌아왔다. 며칠 후 다시 찾아가면 그것을 잊지 않고 선생님은 사과를 했다. "결례를 했소이다, 나한테는 똑같은 손인데." 나는 그분이 돌아가시기 전 삼사 년을 하루 걸러 들르다시피 자주 드나들다 보니 이런저런 이야기를 들을 수 있었다. 특히 그분의 앨범은 일제강점기 때부터 찍은 가족이나 친지 들의 사진이 많았는데, 모든 사진에 선생님 친필로 가족관계나 그때 상황 등을 기록해 두어서 매우 흥미로운 자료가 되었다. 그분 생전에 양해를 얻어 그 사진들을 스캔해 두었다가 계남정미소에서 「작촌 조병희 선생님을 기리며」(2007)라는 기획전을 연 적이 있다.

남천(南天) 송수남(宋秀南, 1938-2013) 선생님은 둥근 얼굴에 둥근 뿔테 안경을 쓰고 다녔다. 선생님과는, 서학동사진관을 만들려고 서학동 집을 사서 고치는 중에 윗동네 흑석골에 사시는 선생님이 간간이 아랫마을을 들르던 관계로 알게 되었다. 한국 수묵화의 거목이지만 말년에 낙향을 해서 가족과도 떨어져 있었고 겉으로 무뚝뚝한 성격 때문에 주위에 사람이 많지 않아 외로우셨던 것으로 안다. 나는 무뚝뚝하지만 변죽을 늘어놓지 않는 선생님의 모습이 좋아 꽤 친밀하게 지냈다. 선생님은 책을 여러 권 만드셨는데 번번이 나에게 주셨다. 어느 날 아침 화집을 보다가 그림이야 말할 나위 없고 글이 좋아서 선생님에게 전화를 했다. "선생님, 외람되게도 글이 좋습니다. 노자, 장자, 순자, 영자 다음은 가시겠습니다." 나는 선생님에게 농을 걸었다. 당시 다리도 많이 아프고 심장도 안 좋아서 며칠씩 칩거하고 계시던 때였다. 선생님은 "에끼 이 사람, 버릇없이 으허허…" 하시며 웃으셨다. 서울로 수술을 받으러 올라가시기 전날, 서학동 사람들과 여럿이 식사를 하고 나서 흑석골 끝자락에 있는 자택까지 모셔다드렸는데, 무거운 몸으로 어두운 대문을 밀고 들어가는 선생님의 뒷모습을 바라보면서 이제 다시 보기 어렵겠다는 서글픔을 느꼈다.

몇 년 전 나에게 또 새로운 친구가 생겼다. 나보다 여남은 살젊은 그는 시를 쓰고 술을 좋아하는 술꾼이다. 나는 사람을 만나서 처음으로 '투명'하다는 느낌을 받았다. 햇빛이, 시간이, 기쁨이, 슬픔이 그를 통과해 버리는 느낌을 받았다. 그것은 묘한 느낌이었다. 허무하기도 하고 간절하기도 하다. 그와 만나면 술을 자주 마시러 간다. 나는 원래 술을 못해서 술자리에 자주 끼는 편이 아니었다. 술이 싫어서라기보다 술 먹고 떠드는 것이 싫어서 술자리를 피하곤 했다. 그것이 술 먹는 사람들의 즐거움임을 누가 탓하랴. 그런데 웃기는 일은 그 친구는 술을 마시고 떠드는 것은 내가 한다. 나의 유년이 어떻고, 청춘이 어땠었고, 사진이 어떻고, 때로는 전시하는 작가가 속을 썩여서 못 해 먹겠다는 둥 그는 묵묵히 내 말을 들어 주고 술에 취하면 데려다준다. 돌아오면서 나는 생각한다. 누군가 말년을 지켜봐 줄 수 있는 사람이 있다는 것은 썩 괜찮은 일이 아닌가 하고. 그것이 서로에게 기억하고 싶은 인연이라면 말이다.

꽃시절에 친우를 부여잡고

오래전 수집한 사진의 설명을 따라 번암마을회관을 찾아갔다. 겨울이라 노인네들이 회관에 모였을 것이다. 그들은 전순자 씨를 알아보고(처녀 때 사진을 보고) 이 동네가 아니라 저 산 아래 봉소마을로 가 보라고 했다. 나는 그곳에서 전순자 씨 집을 쉽게 찾았다. 촉이 좋아서라기보다 그냥 마을회관처럼 생긴 집(나중에 알고 보니 이 마을은 가구 수가 너무 적어서 마을회관이 따로 없다)을 찾다 보니 어느새 그 집 앞에 내가 서 있었다. 새 집인데 문패에 전순자 씨 부부 이름이 당당히 붙어 있었다. 그이는 집에 없었다. 옆 동네 마을회관으로 마실 나갔다기에 찾아 나섰다. 큰길을 나서니 마침 찻길에서 마을 고샅길로 접어드는 한 여인네를 만났다. 내가 다짜고짜 "전순자 씨 아니세요?" 물었더니, 본인이 전순자라고 했다.

　사진에는 다섯 명의 처녀들이 있다. '꽃시절에 친우를 부여잡고 4292. 3. 5'라고 한껏 멋을 내서 휘갈겨 쓴 글씨가 인상적이다. 단기 4292년이라면 서기 1959년이다. 검정 치마 흰 저고

꽃시절에 친우를 부여잡고. 전북 진안. 1959.

리에 다홍색(?) 동정과 옷고름을 단 한 처녀와 옷고름만으로
멋을 낸 두 처녀 그리고 그냥 흰 저고리를 입은 두 처녀가 있
다. 오른쪽 첫번째 앉은 처녀는 그 당시 유행인 벨벳 치마를 입
고 있다. 모두 한복을 단정하게 입고 입을 한일자로 다물고 주
먹을 꼭 쥐어 무릎에 올려놓고 자못 겁기 어리고 풋풋한 눈매
로 정면을 향하고 있다. 뒷줄의 왼쪽 처녀는 손이 좀 어색했던
지 작은 손지갑 같은 것을 꼭 쥐고 있다. 오른쪽 처녀는 손을
비교적 편하게 펴고 있다. 가운데 서 있는 전순자 씨의 손은 안
보인다. 안 보이니까 편하게 하고 있을까?

글을 쓰다가 전화를 걸었다. 여섯 시, 산골은 한참 저녁밥을
먹을 시간이다. 망설이다가 전화를 하니 전순자 씨가 받았다.
손 모양새보다 우선 사진의 배경이 궁금했다. 배경에는 벚꽃
이 만발해 있고 일본식 집 비슷한 건물이 보인다. 예전에는 사
진관에서 그림으로 그려진 이런 배경을 흔히 사용하기도 했
다. 배경에 대해 물으니 생각이 잘 안 난다고 했다. 그때 밖에
서 찍었는지 안에서 찍었는지…. 육십 년이 넘은 일이다. 잘
보니 운동장에서 찍은 것 같다. 배경 건물이 뭐라고 생각하느
냐고 물었더니, 어쩌면 백운초등학교일지도 모른다고 했다.
"3월 5일 벚꽃이 피었을까요? 특히 기온이 낮은 이쪽 지역에
서?" 물으니 "글씨, 안 피었을 것 같은디요"라고 했다. 나는 더
이상 묻지 않고 전화를 끊었다. 그렇다면 스튜디오에서 찍은
사진일까? 그런데 다시 자세히 봐도 운동장의 흙이며 산이며

세세한 풍경은 그림이 아닌 것 같다. 어쩌면 적힌 날짜가 음력일지도 모른다는 생각이 들었다. 그리고 손의 자세에 대해서 묻는 것은 단념했다.

열아홉 살 때, 육십 년도 더 넘은 시절에 주먹을 꼭 쥐고 찍었는지 손을 펴고 찍었는지 그이는 기억하지 못할지도 모른다. 다른 '친우'들은 과천, 부산, 강원도 등지로 시집을 가서 사는데 그 뒤로 한 번도 만나지 못했다고 했다. 아, 꽃시절이여! 부여잡은 손이여!

꽃은 피어도

박경순 씨는 계남마을의 전(前) 이장댁이다. '꽃은 피어도' 사진 속의 젊은 시절 주인공으로, 둥글고 환한 얼굴에 애교스런 몸짓까지 하고 있는 새댁의 얼굴에서 봄이라거나 청춘이라거나 희망 같은 단어를 연상하며 미소를 짓게 된다. 아무 연고도 없는 곳에 들어가서 공동체박물관 계남정미소를 시작한 2006년, 계남마을은 박경순 씨의 남편 서정권 씨가 이장을 맡고 있었다. 매사가 분명하고 성질이 급한 편인 남편에 비해 경순 씨는 느긋하고 안온한 성격으로 둘은 서로를 아우르며 동네에서 신망을 받고 있었다.

어느 날 경순 씨 집에 들렀더니 경순 씨는 시름겨운 얼굴로 누워 있었다. 허리가 아파서 못 일어나고 누워 있다고 했다. 그러더니 "다 마음의 병이어요"라고 혼잣말처럼 중얼거렸다. 허리와 마음이 무슨 상관이기에 하는 생각으로 그이를 바라보았다. "우리 아들이 아침에 존(좋은) 얼굴로 나갔는데 아직도 돌아오지 않고 있네요." 그이는 한숨을 토하며 말을 내뱉었다.

꽃은 피어도. 전북 진안. 1960년대.

사연인즉슨 군대를 막 제대하고 나온 아들이 친구들과 놀러 간다고 나가서 교통사고를 당해 돌아오지 않는다는 것이다. "아들이 금방이라도 '어머니' 하고 문을 열고 들어올 것 같아요." 경순 씨는 삼십 년 전에 죽은 아들이 지금도 어머니를 부르며 금방이라도 들어올 것 같아서 몸져눕곤 하는 것이다. 마음이 절망이니 수시로 허리도 아프고 머리도 아프고 안 아픈 데가 없다. 사람들이 다른 자식들을 보고 살라는 둥 세월이 약이라는 둥 말들을 하지만 씨알도 먹히지 않을뿐더러 어떤 위로도 되지 않는다.

계남정미소를 휴관하고 몇 년 동안 마을 사람들과 마주할 기회가 없다가, 「꽃시절」 전시에 필요한 인터뷰 동영상 작업을 하러 오랜만에 가서 누구에게나 던지는 질문을 경순 씨에게 했다. "꽃시절은 언제였어요?" "나는 존(좋은) 시절도 없었어"라는 대답이 들려오는 순간, 아차 하고 가슴이 내려앉았다. 말을 주워 담지도 못하고 망설이고 있으려니 "내 꽃시절은 어쩌다 훌쩍 지나고 말았어" 한다. 눈을 질끈 감고 짙은 주름을 모으며 그이는 웃었다.

우정. 전북 전주. 1960.

우정

"꽃시절이요?" 내 인터뷰 질문에 강점숙 씨는 나직이 웃는다. 다른 이들은 '삼십대가 좋았어' 혹은 '사십대가 좋았지' 아니면 '지금이 좋아'라고 선뜻 대꾸한다.

그이는 빛바랜 사진 한 장을 내밀며 "나는 스무 살 때가 좋았어요" 하며 살짝 낯빛이 상기되었다. 어느 누가 스무 살을 꽃시절이라 말하지 않겠는가. 그래도 나처럼 스무 살 때 세상 일이 영 맘대로 되지 않고 힘들어 깊은 병에 잠겨 사경을 헤매던 사람도 있으니, 누구에게나 반드시 스무 살이 꽃시절이라고 말할 수는 없을 것이다.

서학동에는 한숙 작가가 운영하는 프로그램 '초록꿈 할매 공방'이 있어 마을 할머니들과 자수, 공예, 그림, 글 읽기 등 창작을 지속적으로 이어 간다. 이들은 그동안의 경험을 살려서 욕심 없이 만들기 때문에 작업물이 부담이 없고 친숙해서 호응이 좋다. 전시도 하고 작업물이 쉬엄쉬엄 팔리기도 한다. 그리고 무엇보다, 이들은 이 작업을 통해 그냥 할머니라고 불리는 것이 아니라 아무개 여사라고 불리는 것에 긍지를 갖는다.

강점숙 여사는 열아홉 살 때 동네 친구들과 함께 찍은 사진 속 얼굴들을 이 사람 저 사람 만지작거렸다. "이때의 추억으로 시상(세상)을 사는 것 같아요." 뒤에서 왼쪽 첫째가 본인이고 그 옆 친구는 일찍 죽었고, 말을 이어 가다가 특히나 네번째 서 있는 친구 얼굴을 만지고 또 만진다. "이 친구가 질로 보고 싶어. 참말 미인이었어요. 춘향이 저리 가라였지, 여자가 봐도 반할 얼굴이었어요." 그리고 아까 여러 사람들 앞에서는 비치지 않은 속마음을 조용히 말했다. "나도 한번 멋진 남자를 만나 사랑을 해 보고 싶었어요." 강점숙 여사는 뜻밖의 고백을 하며 수줍게 웃었다. "열일곱 살 때부터 이 친구(춘향이같이 예쁜)의 오빠를 좋아했었어요. 오 년이나. 그런디 결혼은 못 했지. 그 오빠는 멋졌어요. 키도 크고 흰 나팔바지에 하모니카를 불고 천변 길을 걸어가면 안 좋아할 처녀가 없었지요. 동네 처녀가 서른다섯 명이었는디 아마 서른 명쯤은 좋아했을 거여." 강 여사는 소녀처럼 들떠서 말했다. "근디 나중에 알고 보니 그 사람도 나를 좋아했는가 봐요. 결혼하기 전 만나서 '너를 많이 생각했다. 잘 살아라' 가슴 아파 허드라고요."

서로 좋아했는데 결혼을 못 한 이유를 조곤조곤하지만 단호하고 운명적인 어조로 말했다. 그 남자는 첩의 자식이고 그 어머니가 여러 번 재혼을 해서 동네 평판이 안 좋았다. 특히나 양반집 유세를 하고 사는 강점숙 여사네한테는 말도 꺼내 볼 수 없는 형편이라서 아무도 모르는 일로 했고, 특히 어머니가 알면 맞아 죽었을 일이다. 강점숙 여사는 집안 중매로 여섯 살 위인 남자와 결혼을 했는데 남편은 술만 먹고 성격도 안 맞아 아버지도 아니고 마치 할아버지와 산 느낌이었다. 남편은 정도 못 느껴 보고 중년에 죽고, 고향의 그 남자도 쉰두 살에 죽었다.

"아직도 그분 생각이 나세요?" "그럼요. 생각나지요. 지금도 가끔 보고 싶어요. 평생 그때의 추억으로 사는 것 같아요." 사랑한다고 평생 제대로 고백도 못 해 본 남자와의 추억을 생각하며, 눈가에 눈물이 번지며 강점숙 여사는 발그레 웃었다.

서학동사진관. 전북 전주. 2017.

서학동사진관

사진관의 아침 문을 열면
밤새 갇혀 있었을 시간들이 밀려와
나의 이마를 쓸고 지나간다.

오랜 시간 묻어 두었던 기억과
잊혀져 간 사람들이 남긴 표정과 언어의 곁으로
무심하게 스쳐 간 감정들
젊은 날의 분노와 절망 그리움과 사랑이
먼지처럼 가볍게 달려왔다가 흩어져 간다.

언제 내게 그런 시간들이 있었던가.

감히 시간과 겨룰 수 없어서
차마 약속도 못한 채 잠재웠던 꿈들이 살아나는 아침
뒷마당의 창문을 통해서 들어오는 햇살이

희끗희끗한 내 정수리 위에서 반짝이는데
불안과 고독의 그 시간마저 돌아볼 수 있는
서학동의 문 앞에 서서
지금 나는 사진관의 문을 열고 있다.

할아버지의 벽

골목 안쪽에 숨어 있는 가정집을 개조해서 서학동사진관을 차리겠다고 마음먹으면서 가장 먼저 눈여겨본 것은 앞집 할아버지네 벽이다. 아니 그 벽이 그렇게 존재하지 않았더라면 나는 서학동사진관을 그곳에 차릴 생각을 포기했을지도 모른다. 이 벽이야말로 멀리 큰길로 지나가 버리는 시선을 골목 안의 숨어 있는 공간으로 불러들일 수 있는 실낱같은 단서가 되리라는 기대에서였다. 사실 우리 사진관은 골목 끝 왼쪽에 틀어박혀 있어서 골목 끝까지 다 와야만 찾을 수 있는 위치인데, 그러다 보니 그 벽이 얼마나 중요하겠는가.

나는 드디어 할아버지를 설득하는 데 성공했다. 낡은 담벼락에 말끔히 미장 공사를 해 주는 조건이기는 했지만 어렵지 않게 벽 사용권을 따냈다. 그 후로 안 일이지만, 벽에 못을 박는 것을 대단히 싫어하는 할아버지로서는 현수막의 철 프레임을 설치하는 데 동의하기가 정말 힘든 일이었을 것이다. 아무튼 나는 그것으로써 완전히 벽의 사용권을 얻은 줄 알았다.

155

전북 진안. 2012.

맨 처음 벽에 걸린 현수막 사진은 구십 세인 장암댁 할머니가 찔레꽃 다발을 부케처럼 안고 무심하지만 살짝 미소를 띤 얼굴로 사진관 골목을 찾아들어 오는 사람들에게 눈인사를 한다는 메시지였다. 사람들의 반응이 나쁘지 않았는데 며칠 후 할아버지가 나를 찾아왔다. "저 사진 좀 떼어 버리쇼. 하필이면 늙은 할망구를 담벼락에 붙여 놓으니 집을 드나들며 기분이 언짢아요!" 할아버지는 몇 년 전 부인이 돌아가시고 혼자 사는데 스스로 집안 정리도 잘하고 음식도 잘 챙겨 드시고 아주 씩씩하게 살고 계신다. 나는 할아버지가 그렇게 생각할 줄은 몰라 당황했는데 동네 다른 분들 생각도 그렇다고 우기는 바람에 현수막을 바로 교체할 수밖에 없었다.

이 일이 있은 후로부터는 전시가 인물 사진일 경우 더 신경이 쓰였다. 그래서 비교적 시빗거리(?)가 안 될 것으로 고르는 편이었다. 그런데 김옥선 작가의 「함일의 배(Hamel's Boat)」 전시 때 제주도 방파제에 누워 있는 여인의 사진을 붙여 놓았더니 할아버지가 나를 다시 찾아왔다. "저 사진은 기분이 나빠요. 사람을 째려보는 것 같단 말여." 나는 다시 바로 교체를 했다. 그리고 할아버지의 일차 검열을 통과하기 위해서 나는 더 많은 조심을 해야만 했다. 그렇다고 할아버지가 칭찬을 전혀 안 하는 것은 아니다. 가끔씩 이번에는 맘에 든다고 쓰윽 웃고 가면서 나의 기분을 북돋우기도 한다.

오늘 또 할아버지가 찾아왔다. 나는 가슴이 철렁했다.

"내가 외로울까 봐 이쁜 새악시들 사진을 걸어논 거요?" 할아버지 얼굴에 미소가 번졌다.

벽에는 '꽃시절' 현수막이 붙어 있었다.

나는 괜히 가슴이 뿌듯했다.

'아, 꽃시절.'

강아지

이 년 전 유월, 때 이른 더위가 기승을 부리던 날. 어린 강아지는 어디서 왔는지 앞집에 모습을 드러냈다.

나는 평소 강아지에 별로 관심이 없어서 이 애가 무슨 종인지 암컷인지 수컷인지 잘 모른다. 그게 뭐 중요할까마는. 쫑인지, 메리인지, 해피인지… 이런 구식 이름밖에 떠오르지 않는다. 그 녀석이 굳이 요즘 젊은 세대에 속하지 않는다고 단정해 버리는 이유는 주인도 늙고 집도 구식 단독주택에 대문도 칠십년대 철 대문을 그대로 지니고 있다는 것 때문인지도 모른다. 더구나 녀석도 별로 세련되어 보이는 외관이 아니다. 밖에서만 나뒹구는 녀석의 환경 탓일 수도 있다. 처음에 와서는 하루 종일 크게 짖어 댔다. 지치도록 바둥대며 울었다. 그러다 철문 아래 반 뼘 정도의 공간에 얼굴을 빼꼼히 내밀며 짖어 댔다. 얼마 전 그 집 할머니가 돌아가시고 육십대쯤으로 보이는 아들이 혼자서 들어와 살고 있다. 주인은 외출을 한 것인지 인기척이 없다. 하루 이틀도 아니고 녀석은 날마다 종일 짖어 댔다.

159

전북 전주. 2016.

처음에는 시끄럽고 신경이 쓰여서 녀석에게 다가가 눈을 마주쳤다. 대문 아래 틈새로 내민 작은 얼굴에서 눈만 반짝거렸다. 녀석은 내게 간절한 뭔가를 호소하는 듯했다. 녀석이 갈증을 느낀 걸까 싶어 종이 사발에 물을 담아다 넣어 주었다. 녀석은 몇 번 홀짝이는 시늉을 하더니 다시 짖기 시작했다. 나는 안타까운 마음에 대문에 메모를 써 붙였다. '강아지 어떻게든 해 보세요. 하루 종일 울어요.' 좀 실례가 되나 싶어 떼었다가 녀석이 심하게 짖으면 또 가서 붙이고 떼기를 여러 번 했다.

그러면서 일 년이 지나고 이 년이 지났다. 녀석은 이제 몸집이 제법 불었고 새 생활에 적응하는지 평소에는 잠잠했다가도 사진관에 사람 발자국 소리만 들리면 또 짖었다. 그래도 녀석은 이젠 내 발걸음 소리를 안다. 내가 아침에 골목으로 들어와 사진관 문을 열면 대문 아래 얼굴을 들이밀며 알은체를 한다.

끙, 끙, 끙…. '그래, 인마, 나도 알아.(반갑다는 거) 잘 잔겨?' 녀석은 또 끙끙거린다. 나는 이제 녀석의 이름을 알고 싶다. 녀석의 이름을 불러 주고 싶다, 애송이든 봉구든. 주인은 집에 있는지 외출했는지 알 수가 없다. 한 번도 개 이름을 부르는 소리를 들은 적이 없다. 언제쯤 녀석의 이름을 알 수 있을까.

전북 전주. 2014.

골목에서 하늘을 본다

예전에는 우체국이나 동사무소, 경찰서 등의 관청직원들은 찬 바람이 불 정도로 민원인에게 불친절했다. 일부 우체국이 사유화되기 이전의 일이다. 공무원들은 일제강점기의 제국주의 혹은 군사독재국가의 관료들이 갖는 특권의식이 있어서 민원인들에게 친절해야 할 필요성을 전혀 느끼지 않았다.

그렇게 길들여진 국민들은 세련된 건물에 단정하고 친절하기까지 한 은행원들의 태도에 처음에는 황망해하기까지 했다. 하긴 그런 대우를 받을 만큼 돈을 자주 입금하러 간 것이 아니었으니, 그곳에서도 매 같은 눈으로 대출 서류를 검사하는 은행원들과 마주하는 기회가 더 많았다. 이제는 웬만한 공무원이 민원인에게 뻣뻣이 굴지 않는 것처럼 은행원들도 필요 이상 친절하지 않다. 가끔 취객이 파출소에 와서 시비를 걸고 난동을 부리는 일을 텔레비전에서 보고 있노라면 참으로 격세지감을 느낀다.

이제는 우리가 택배 기사들에게, 수리 기사들에게, 경비원들에게, 상점 직원들에게 '갑질'을 한다. 소위 '민주주의 국가'에서는 내가 하고 싶은 일이면 뭐든지 해도 된다고 여기는 사람들이 있다. 그리고 조금이라도 잘난 위세를 내세우려는 소인배가 많다. 세상은 갑과 을의 관계 이상으로 사람으로서의 관계가 있다는 것을 잊어버리고 산다.

우리 동네 우체부 아저씨는 참 별났었다. 골목 입구를 들어서면서 어느 집 우편물을 손에 들고 외친다. "편지요. 편지 왔어요." 그러면 부엌에 있던 아줌마도 화장실에 있던 아저씨도 편지를 받으러 나왔다. 그리고 반가운 미소를 던지고 갔다. 나는 사진관이 쉬는 날이 있어 등기를 제대로 받을 수 없을 때가 있었다. 그래서 그냥 우편함에 넣고 가라고 했다. 그런데도 그이는 꼭 전화를 걸었다. "등기가 왔는디, 속도위반 딱지가 왔어요…. 어쩌죠?" 나는 속도위반 딱지에 대한 속상함보다 아저씨의 말투에 숨은 마음 씀씀이가 좋아서 그냥 웃었다.

그리고 몇 달 뒤 또 전화가 왔다. "아이고! 또 속도위반 딱지가 왔는디, 어쩌까이…?" 자못 걱정스런 말투였다. 남의 속도위반 딱지까지 걱정해 주는 우리 동네 우체부 아저씨를 좋아하지 않을 수 없었다. 나는 그 아저씨 걱정을 덜기 위해서라도 속도위반을 해서는 안 되는 것이었다. 그런데 그이가 작년에 정년퇴직을 했다. 이제 더 이상 골목 입구에서부터 "편지요. 편지 왔어요"라는 그의 소박한 목소리를 들을 수 없는 것이다.

좋은 것이란, 높은 것이란 무엇을 말하는 것인지. 우체부 아저씨의 목소리가 사라진 좁은 골목에서 하늘을 본다.

앞집 할머니의 옛 사진. 1950년대.

앞집 할머니

우아함 때문에 낭패를 보는 사람도 있다. 그 우아함이란 남이 인정을 해 주건 말건 본인의 주장일 수도 있다는 사실을 앞집 할머니를 통해 알게 되었다. 앞집 할머니는 생전에 그 우아함을 잃지 않으려고 애썼다. 여기서 생전이라 함은 내가 서학동으로 들어와서 이 년 동안 지켜본 모습이 전부인데, 할머니는 노인 전동차를 타고 매일 나들이를 나갔다. 봄에는 보라색 챙이 넓은 화려한 모자를 쓰고 전동차에는 인조 화환을 달고 다녔다. 겨울이면 다갈색 담비 모피코트를 입고 전동차를 타고 외출을 했다. 나중에 들은 이야기로 할머니가 매일 외출을 한 곳은 동네 양로당이었다. 할머니는 옆집 아주머니나 뒷집 할아버지를 무시하고 인사도 제대로 나누지 않았다. 그런데 어느 날 나를 찾아와서 옛날 사진 몇 장을 내밀었다. 아주 귀중한 사진이니 서학동사진관에서 쓸모가 있을지도 모른다는 센스를 보여 주었다.

사진은 돼지막(幕) 옆에 스테레오 전축이 놓여 있고 그 위에 성공한 남편(대학교수였다고 함)의 사진 액자가 놓여 있고 돼지막 앞에는 가사도우미인 듯한 여인이 돼지 밥을 주고 있다. 이 밖에도 아버지의 장례식 사진이라고 들판에 상여 나가는 모습의 사진 몇 장을 가져왔지만, 그것은 사진을 잘 못 찍어서 아주 평범한 것에 불과했다.

아무리 옛날이라고 해도 할머니의 젊은 시절 사진은 내가 보아 온 일상의 것들과는 너무나 차이가 있었다. 안방이나 거실에 있어야 할 스테레오 전축(당시 최고의 가전제품)을 굳이 돼지막 옆에 가져다 놓고 맵시를 내고 찍은 사진은 할머니의 개성을 드러냈다.

앞집 아주머니는 그 할머니를 싫어했다. 잘난 체 허세를 부리고 사소한 일에도 심하게 따지고 걸핏하면 파출소 경찰을 부른다는 것이다. 옆집 할아버지는 할머니의 그 유난스런 차림과 거만한 행동을 싫어했다. "자기가 뭣인디 그리 잘난 척을 해. 흥, 잘난 척해 봤자 지나 나나지." 할아버지는 할머니가 내세우는 그 '우아함'의 정체성에 몹시 빈정이 상했다. 할머니는 작년에 심하게 아팠지만 끝까지 품위를 지키려 애썼고, 병이 아주 위중해서야 요양병원으로 갔고 곧 돌아가셨다. 어쩌다 말을 튼 셋째 아들이 그 소식을 내게 전했을 뿐, 나중에 골목 사람들은 그 소식을 듣고도 모른 체 잠잠했다.

일회용 물 잔

젊은 날에는 안내 책자만 들고 혼자서 유럽 배낭여행을 갔었
다. 그러나 지금은 해외여행을 잘 가지 않는다. 관심이 늘 안으
로 향해 있고 주변의 것을 정리하고자 하는 생각 때문인지 모
르겠다. 그때의 여행으로 남은 것은 이제 잘 들춰 보지 않게 된
몇 장의 사진과 가물가물한 추억뿐이다. 그런데도 간간히 유
독 내 시선을 붙잡는 물건 하나가 있는데 그것은 일회용 플라
스틱 물 잔이다. '1991년 스웨덴에서 노르웨이로 가는 기차'라
고 메모를 해 둔 물 잔이다.

  당시 유럽은 화폐가 유로화로 통합되지 않아 나라를 옮길
때마다 그 나라 화폐로 바꿔야 했다. 비자를 따로 받는 것도 아
니고 비행기를 타고 이동하는 것도 아니고 기차 하나만 타면
국경을 지나 다른 나라로 이동하는(그때는 그것이 제일 신기
했다) 것인데, 화폐가 다르다는 것은 여간 혼란스러운 게 아니
었다. 또한 돈을 규모있게 쓰지 않으면 그 비싼 물가를 견뎌낼

169

일회용 물 잔. 2017.

수가 없어서 다른 나라로 이동하기 전에는 늘 빠듯하게 동전까지 탈탈 써 버려 가난해지기 일쑤였다.(당시에는 신용카드도 보편화되지 않았었다)

스웨덴에서 노르웨이로 가는 기차 안에서 아름다운 풍경을 보면서도 배가 고프고 목이 말라 온전한 여행을 하지 못한다는 느낌이 들었다. 마침 검표를 하는 역무원이 낯선 얼굴로 다가와서 나에게 국적을 물었다. 당시에는 한국 관광객이 많지 않은 때라서 그랬을까, 역무원은 친절한 얼굴로 다시 와서 유럽 열차 그림이 그려진 예쁜 일회용 컵에다 물을 한 잔 가져다 주었다. 어떻게 내가 목이 마르다는 사실을 알았을까. 이십육 년이 지난 지금도 그 물 한 잔은 조금은 쓸쓸했을 수도 있는 혼자만의 유럽 여행을 완성시켜 주는 기호로 남아 있다.

시든 토마토. 2017.

토마토

시든 토마토 두 개
남편은 설탕을 넣어 먹고
아내는 소금을 뿌려 먹는다.

전북 진안. 2014.

생일

꽃가루는 황사로 범벅이 되고
오월은 장미대선으로 분주하고
꽃비는 더러운 차창 위에 모로 눕고
와이퍼는 호들갑을 떠는 금요일 밤
집에 돌아와 미역국에 찬밥을 말아 먹는데
내가 오늘 생일인 것을 아는 사람이 없다.

전북 전주. 2017.

약속

나는 동물 중에서 인간만이 약속을 하는 줄 알았다. 인간만이 그리움을 아는 줄 알았다. 동물의 세계를 관찰하는 다큐멘터리 영상에서 그들의 모성이나 사회생활의 서열과 투쟁 등을 보아서 아는 정도였다. 그리고 그것은 다윈의 진화론까지 가지 않더라도 자연의 순환 고리를 엮어 가는 살아 있는 생명체로서 당연한 일일지도 모른다고 겨우 깨닫게 되었다. 오히려 우리가 지금까지 모르고 있었던 것은 오만과 무지에서 비롯된 것인지도 모른다. 인간만이 사회조직을 구성하고 인간만이 약속을 하고 그리워하고 분노하고 절망할 줄 아는 동물인 줄 알고 있었다.(알 수 없는 일이지만)

아침 산책을 나서는데 하얀 개 한 마리가 차도에 나와 서 있었다. 내가 녀석을 유심히 본 것은 녀석이 한동안 그렇게 초조한 듯이 서성이는 모습 때문이다. 출근 시간이라 삼거리 교차점에 차가 바쁘게 달리는데 녀석은 조금도 자리에서 물러서지 않고 먼 곳에 눈을 두고 자리를 지키고 있었다. 차들은 녀석을 피해 아슬아슬하게 지나갔다. 걱정이 되어서 계속 녀석을 지켜보았다. 처음엔 유기견이 갈 곳을 몰라 서성이고 있나 하고 생각했는데, 녀석의 몰골은 비교적 깨끗했고 허기져 있거나 방황하는 모습은 아닌 듯했다. 한동안 녀석은 그렇게 자리를 지키며 서성였다. 마침 그때 길 건너에서 누런 개 한 마리가 나타났다. 나는 계속 흰 놈만을 지켜보고 있었기 때문에 누렁이가 어느 쪽 길에서 왔는지 모른다. 심지어는 길가 덤불 속에서 불쑥 나타났는지도 모른다. 누렁이가 길 건너에서 살살 다가오자 녀석은 비로소 안도의 눈빛이 되고 먼 데 자주 눈길을 주었던 고개가 정면을 향하며 온몸에 긴장을 푸는 듯했다. 차들은 계속 녀석들을 아슬아슬하게 비켜 가고 있었지만 녀석들은 개의치 않았다. 오직 그들의 안도한 눈빛과 따뜻한 시선이 살짝살짝 비켜서며 서로에게 가까이 다가서고 있었다.

흰 놈은 수컷인 듯했다. 초조하게 기다리던 녀석의 마음을 아는 듯 모르는 듯 누렁이는 꼬리만 살랑일 뿐 조용히 흰 놈의 앞장을 서고 있었다. 흰 놈은 애틋하고 다정한 몸짓으로 그런 누렁이를 바라보며 함께 길을 가기 시작했다. 저들은 지금 저들이 우주의 중심에 있을 것이라는 생각이 들었다.

방울 소리

젊은 시절 연극학교를 다니면서 과 학생들과 몰려다니며 대본 연습을 했다. 그중에 자취를 하는 친구 집에 자주 가서 밤늦도록 연습을 하기도 했다. 하루는 친구들은 찬거리를 준비하고 나더러 밥 담당을 하라고 했다. 당시는 압력밥솥이 나온 지가 얼마 되지 않은 때였다. 압력밥솥을 사용해 본 적이 없어서 어떻게 하면 되느냐니까 솥을 불에 올려놓고 방울 소리가 나면 불을 약하게 하고 조금 이따가 끄면 된다고 하면서, 친구는 귀찮았는지 자신도 아직 사용해 본 적이 없다고 했다. 나는 압력밥솥을 불에 올려 '방울 소리'가 나기를 기다렸지만 가열된 밥솥은 세찬 김을 뿜어 댔을 뿐 시간이 지나도 방울 소리는 안 들리고 결국 밥이 다 타고 말았다.

친구들은 나를 원망했다. "이걸 어째? 이제 우리 굶게 생겼다."

"아니, 방울 소리가 안 들렸어!" 친구들은 어이없다는 듯이 그만 말문을 닫아 버렸다.

179

전북 전주. 2017.

나는 억울했다. 그럼 처음부터 방울 소리라고 말하지 말았어야지.

나는 지방에 있는 상업고등학교를 나왔다. 당시는 상업고등학교를 나와 성적이 뛰어나면 은행에 취직이 되어서 좋은 상업고등학교는 인기가 있었으나, 내가 다닌 학교는 그렇지도 않았고 그저 공립학교라 납부금이 싸다는 이유로 다녔다. 학교를 졸업하면 미술대학을 가고 싶은데 돈도 없고 실력도 부족해서 진학을 한다는 보장이 없었기에 학교 생활에 그다지 충실하지 않았지만 '부기'만은 재미가 있었다. 부기는 손익계산서와 대차대조표를 작성하는 것이다. 평소에는 웬만한 부기도 잘 풀어 나갔다. 그런데 한번은, 시험을 치르는데 문제지에 대차대조표를 완전하게 그려 놓은 것이 아니라 T자로만 표시를 해 두어서 그것이 나를 혼란스럽게 만들었다. 늘 완전한 대차대조표의 틀 안에 채워 넣어야 할 문제들이 T라는 형식으로 간략하게 출제된 것에 당황한 나머지 그 고민을 하느라 정작 답안지는 빈칸으로 제출했다. 너무 바보 같은 일이라 남이 들으면 말도 안 되는 이야기라고 할 것이다.

그래도 어쩌겠는가. 압력밥솥에서 '방울 소리'가 난다는 말을 믿었고, 부기의 대차대조표는 제대로 형식을 갖춘 틀 안에 있어야만 된다는 믿음에서 한 치도 벗어나지 못한 사람이었으니.

때로는 사람을 열 번 봐도 못 알아보는 안면인식장애 때문에 오해도 많이 샀지만 이제는 사람들이 웃어 준다. "하도 사람들을 많이 대하시다 보니"라고 말들 하지만 속으로 '그 나이에 뭐 어쩔 수 없지요'라고 생각할 것이다. 그 단순한 두뇌 구조도 이제 나이 탓으로 얼렁뚱땅 잘 넘어가고 있다.

할머니의 국수

나는 내가 좋아하는 사람을 만나면 밑도 끝도 없이 우리 할머니 이야기를 해 댄다.

생전에 법정(法頂) 스님이 누구를 만나면 '어린 왕자' 이야기를 해 보고 이 사람과 친구가 될 건지 아닌지를 가늠한다는 이야기를 들은 적이 있다. '어린 왕자'야 그렇다손 치더라도 누군가의 할머니에 대한 사적인 추억을 자주 듣기는 괴로울 것이다. 그래서 나는 그 괴로움을 참아 주는 사람이 과연 있을지에 대한 기대를 갖고 있는 것이다. 가능하면 괴로워 말고 함께 즐거워 해 주기를 바라면서.

할머니는 내가 열 살 때 돌아가셨는데 그때가 마흔여덟이셨다. 할머니와 내가 함께 한 생은 십 년이었고 할머니가 돌아가실 때도 난 그 슬픔을 알지 못했다. 할머니와 나이 차이가 적은 것은 할머니가 열여섯에 결혼했고 아버지를 일찍 낳았고 아버지도 빨리 결혼해서 나를 일찍 낳았기 때문이라는 단순 계산이지만, 지금 생각해도 이해가 잘 안 될 정도다.

'삼천 원의 식사' 연작. 전북 임실. 2014.

그 시절에 외아들의 첫아이인 내가 사내애이기를 얼마나 바랐겠는가. 할머니도 처음에는 무척 서운해했지만 첫 손녀딸과 특별한 인연이었던지 나를 유독 사랑하셨다. 할머니는 천하의 절약가인 할아버지 돈을 빼돌려 아들 교육사업을 지원했고, 그 당시 많은 도붓장수, 거지 들이 집을 찾아오면 꼭 밥을 챙겨 먹이거나 음식을 손에 들려서 보냈다. 그때마다 할아버지는 너희가 무슨 단풍부자(할아버지 표현에 따르면 가을에 단풍이 떨어지듯 대책 없이 돈을 쓰는 경우)냐고 몹시 역정을 내서 집안에 긴장이 도는 때가 많았다. 음식 솜씨가 좋아 동네잔치에서는 과방(果房) 상석에 앉았었고 화전놀이에 가서는 장구를 치며 구성지게 판을 이끌었다. 다혈질인 아버지나 나처럼 누구와 시비 걸어 싸운 것을 본 적도 없다. 어릴 때 맨날 친구들과 머리카락 쥐어뜯는 싸움질에다, 할아버지 호주머니에서 돈을 훔쳐다 친구들과 과자 사 먹고 뻔뻔하게 해가 넘어가서야 들어오는 나는 가족들에게 장래가 걱정되는 문제아였고 스스로도 죄의식이 있었는데, 할머니는 그런 나를 꼭 껴안고 '아무 일도 아니라는 듯'이 등을 쓰다듬어 주었다. 그것은 나에게 절대적인 신뢰였으며, 선과 악을 스스로 결정해야 하는 무겁고 중대한 정신적인 추 같은 것이었다. 할머니는 내가 남이 부끄러워서가 아니라 스스로 자신에게 책임지는 사람이 될 것을 바란 것이었다.

유년 시절, 장날이면 우리 집에서 농사지은 밀가루를 소달

구지에 신고 할머니를 따라나섰다. 장에 가서 첫번째 하는 일이 국숫집에 밀가루를 맡기는 일이었다. 그리고 국밥을 사 먹고 약장사 구경도 하고 장을 보고 나면 해가 기울고 국숫집에서는 그동안 빼서 말린 국수를 묶어 주었다. 할머니는 특히 국수를 좋아하셨다. 그래서 그 국수는 한 해 여름 우리 식구들이 즐기는 특별한 양식이었다. 어느 더운 여름날, 장에서 마지막 국수를 빼 가지고 돌아오는 길에 할머니는 몹시 힘들어하면서도 내 얼굴에 흐르는 땀을 연신 닦아 주며 "내 새끼 힘들겠네" 걱정을 했다. 그날 밤에 할머니는 뇌출혈로 쓰러졌고 며칠 후에 돌아가셨다. 아버지는 할머니의 갑작스런 죽음이 자기 탓이라고 자책을 했다.

그 후 아버지의 교육사업도 자금난으로 문을 닫고, 집에는 빚쟁이들이 몰려오고 우리 가족은 얼마 남지 않은 가산(家産)을 정리해서 고향을 떠났다. 집안의 갑작스런 몰락과 함께 할머니를 잃는다는 것은 나에게 큰 충격이었고 삶 자체를 무의미하게 만드는 일이었다. 그러다 많은 세월이 흘렀고 은연중에 스스로 책임지는 삶의 태도를 익히고 남에게 관대할 줄 아는 할머니의 그 따뜻한 손길이 나의 삶 속에 기억되고 있음을 깨달았다. 나는 나를 알기에, 내가 이만큼이나 서 있는 것은 할머니의 사랑임을 시간이 흐르는 순간마다 느끼고 깨달으며 산다.

참빗과 얼레빗

지금도 빗을 사용하는 사람이 있는지 모르겠다. 누구나 매일 머리에 빗질을 하지만 빗이라는 용어가 사라지고 있다. 간혹 할머니나 늙은 어머니가 꿈결처럼 사용하는 단어인 양 생각이 드는 이유이다.

참빗은 아주 촘촘해서 여인네가 쪽머리를 하고 머리 한가운데 칼날 같은 가르마 선을 세우고 양옆으로 머리카락을 마무리하는 단계에서 모시옷의 씨줄같이 정갈한 머리카락을 한 올 한 올 정리하는 데 쓰였다. 반면에 얼레빗은 헝클어진 머리를 빗어 내리는 데 소탈하고 일상적으로 쓰였다.

어린 시절 우리 집에는 할머니가 두 분 계셨다. 친할머니와 친할머니의 친정어머니가 딸 하나밖에 없어서 늘그막에 우리 집에 들어와 사셨다. 예전에는 친정어머니와 함께 사는 것이 흔한 일이 아니었다. 나는 외증조할머니를 영감할머니라 불렀고 허물없이 대했다. 그러나 영감할머니는 만만한 분이 아니

우리 할머니 선귀례. 1930년대.

셨다. '나는 내가 먹고살 만한 재산을 갖고 들어왔다'는 것이 영감할머니의 당당한 주장이셨고 당시 먹을 만큼 살았던 우리 집에서는 그것이 중요한 사안은 아니었던 듯 싶었는데, 그것과 상관없이 모두 영감할머니를 깍듯이 대했다. 다만 사람 좋기로 유명한 우리 할머니만이 영감할머니(자기 친정어머니) 속을 상하게 하는 이야기를 간혹 하는 모양이었다. 속이 상한 영감할머니는 가끔 짐을 싸 들고(짐꾼이 지고) 나를 앞장세워서 집을 나갔다. 찾아간 곳은 나주에 있는 조카네 집이었고 그곳은 배 과수원을 했는데 과일이 귀한 우리 동네에서는 좀처럼 맛볼 수 없는 것이라 영감할머니의 가출은 나를 설레게 하는 기쁨이었다.

영감할머니는 다정다감한 성격은 아니셨지만 나와 아옹다옹하는 것을 즐기셨다. 가끔은 참빗을 들고 내 머리를 숙이게 하고 흰 천을 깔아 놓고 빗질을 해 주셨다. 당시에는 아이들의 위생이 열악해서 머리에 이가 생기기 일쑤였기에 참빗으로 빗어 내리면 그 촘촘함에 이도 도망을 못 가고 흰 천 위로 툭툭 떨어졌다. 그래서 나는 참빗이 이를 잡는 도구인 줄 알았다. 좀 크면서 보니, 우리 할머니가 외출을 할 때 동백기름을 머리에 바르고 얼레빗질로 정리한 후 반듯한 가르마 선 양쪽으로 누운 머리카락에 참빗으로 정성껏 빗질을 하면 곱디곱고 정갈한 쪽머리가 완성이 되었다. 그리고 동네 처녀가 시집을 갈 때도 참빗과 얼레빗은 같은 용도로 쓰였다.

어느 땐 평소 성격으로 보아 깐깐한 영감할머니가 참빗 같기도 했고 매사에 너그러운 우리 할머니가 얼레빗 같기도 했는데, 지금 생각해 보면 우리 할머니가 참빗같이 빈틈없는 분이셨고 영감할머니가 대차고 거친 면이 있는 얼레빗 같기도 하다.

일흔이 되어

나는 일흔이 되면 어떤 얼굴일까? 상상도 해 보지 않았다. 그런데 이제 막 일흔이 되어 버렸다. 고희(古稀), 아주 오래 살았다는 뜻이다. 지금 세상에 인간의 수명이 아무리 길어졌다고 해도.

예순다섯부터는 노인이라고 전차도 공짜로 타고 다닐 수 있다. 그런데 나는 아직 한 번도 그냥 전차를 타고 다니지 않았다. 여러 이유가 있지만 아직 노인이라고 떳떳이 나서고 싶지 않아서인 것 같다. 전차를 타면 가급적 입구 쪽에서 서성이다가 내린다. 누가 나를 보고 노인이라고 자리를 양보할까 싶어 사람과 눈을 마주치지 않으려고 애쓴다. 심지어는 이제 서울에 올라오지 말아야지 하는 생각을 한다.

나는 일흔이 되고 일월에 일본 여행을 혼자서 하고 와야겠다고 결심을 했다. 생각 같아서는 사막을 한번 다녀오고 싶지만 이제 그것도 만용이라는 것을 안다. 젊은 시절에 여러 차

'당신이 사랑하는 것이 당신을 울린다'. 일본 테시마(手島). 2017.

레 여행을 다녀오고 일본어도 조금 할 줄 아니 그리 어려운 일도 아니다 싶기는 하지만 선뜻 내키는 여행은 아니었다. 어쨌든 마음먹었던 것처럼 일본으로 떠났다. 한겨울에 처음 가 본 오카야마(岡山)에서 배를 타고 나오시마 섬으로 가서 텔레비전도 가구도 없는 적막한 시골 방에서 민박을 했다. 그 옆 테시마 섬까지 여러 미술관과 가정집 프로젝트(옛날 집을 보수해서 그 공간을 예술가들이 작품화하는 아트 프로젝트)를 두루두루 살피고 오박 육일 만에 돌아왔다. 이번 여행에서 약간의 예술적인 취향에 젖어 보기도 했지만 바람과 추위와 외로움을 더 많이 몸에 익히고 돌아왔다.

　노인에게 배운다는 것은 별 의미가 없는 것 같다. 조금씩 버리고 오는 것이다.

정미소 앞에서 걸음을 멈춘 사진가

김영춘 시인

그가 오십이 되어서 시작한 첫번째 사진작업은 이 땅의 정미소를 찍어 가는 일이었다. 서로 크게 다를 것도 두드러지게 아름다울 것도 없는 정미소를 찾아 저무는 시간을 보낸 그의 삶은, 그냥 살아가는 사람의 눈으로는 쉽게 이해가 가지 않는 일에 틀림이 없다. 그런데도 그는 사진을 찍는 것만으로는 모자랐던지 진안 계남마을의 정미소를 사들여 한 작가의 활동공간으로 삼고, 쌀을 찧는 방앗간 시설을 그대로 살려 놓은 그야말로 쌀겨 냄새가 풍풍 풍기는 전시공간을 열게 된다.

「계남마을 사람들」「마이산으로 가다」「작촌 조병희 선생님을 기리며」「진안골 졸업사진첩」「시어머니 보따리를 펼치며」「잃어버린 장날의 축제」「용담댐, 그리고 10년의 세월」「전라북도 근대학교 100년사」「계남마을 사람들의 삶과 흔적」「할아버지는 베테랑」 등이 바로 이곳 계남정미소에서 기획·전시된 작품들이다. 굳이 그때의 전시 제목을 기억하여 길게 늘어놓는 이유는 몰락하는 정미소와 천신만고의 사랑에 빠져 살아가게 될 한 사진가의 꿈과 고집이 이 제목 안에 오롯이 담겨 있어서이다. 곧 사라지게 될 지역과 마을의 공동체가 이루어낸 삶의 정수를 문화니 예술이니 하는 말에 기대지 않고서 사람들에게 다가가 전하고 싶었던 늦깎이 사진가. 그래서 사람들은 그를 만날 때 '정미소 선생님'이라고 부르고 싶어 하는 것이리라.

내가 전주 서학동사진관에 들러서 헐벗은 들판에 홀로 서 있는 정미소 사진과 처음 만나던 날, 세상에는 이렇게 '꾸밈없이 쓰러져 가는 사진'도 있을 수 있다는 사실에 가슴이 떨려 왔다. 좋은 시에서나 발견할 수 있는 차원 높은 은유와 상징이 오래전부터 그 자리에 있었다는 듯이 내 앞에 서 있었기 때문이다.

그의 글「완주 비봉정미소」에서 그는 "나락을 거침없이 삼키고 흰 폭포처럼 위용있게 쌀을 뿜어내는 정미소는 어린 나에게 정말 대단한 존재로 다가왔다"고 정미소와 처음 대면하던 순간을 고백하고 있다. 모든 사람에게 그러했듯이 정미소는 어린 시절 그에게도 행복을 결정하는 풍요의 공간으로 다가왔음이 확실하다. 풍요와 소망의 상징이던 쌀이 수탈과 착취의 아픔이었던 쌀로, 노동과 공동체의 기쁨이었던 쌀이 어린아이의 울음소리가 끊어진 늙은이들만의 쌀로 무너져 왔다. '꾸밈없이 쓰러져 가는 정미소'의 사진 한 장 한 장은 우리들에게 다가와 이 모든 것을 한꺼번에 보여 주고 간다. 그러나 농경시대의 풍요를 배경으로 한 소멸의 쓸쓸함이나 옛것에 대한 그리움만을 읽고서 그의 사진을 덮어서는 안 된다는 말을 꼭 남기고 싶다. 그가 이루어낸 천신만고의 정미소 사랑에는 '근대에서 현대로 이어지는 아프고 소중한 역사적 시간'이 동시대 우리의 삶과 함께 웅크리고 있기 때문이다. 그 시간의 아픔과 그 아픔의 소중함을 함께 읽어낼 때, 비로소 우리는 그가 찍어낸 정미소 사진의 문을 열고 들어서는 행운을 얻을 수 있으리라.

'정미소' 작업 이후에도 그는 여전히 사람의 가슴 같은 곳에나 넣어 둘 만한 좋은 사진을 숨 가쁘게 생산해내는데,「나는 이발소에 간다」「묏동」「이장님은 출근 중」「근대화상회」「낡은 방」「삼천 원의 식사」「빈방에 서다」등이 바로 그것이다. 만약에 내가 그의 사진을 재료로 해서 집 한 채를 지어야 하는 목수였다면 '낡은 방'에서 '빈방'으로 이어지는 시간의 마당 안에 '근대화상회'와 '이발소'로 기둥을 세운 후에 '정미소'에 큰 방을 만들고, '묏동'과 '이장님'과 '삼천 원의 식사'로 바람이 드나들 수 있도록 창문을 내는 그런 집을 지었을 것이다.

그의 작품의 뿌리이자 철학의 기둥이었을 '정미소'야 큰방에 들어앉혔으니 더 말할 것도 없지만, 나는 이 중에서도 특히 마당으로 쓸 '낡은 방'과 '빈방에 서다'를 주목하고 사랑한다. 늙은 부모만 농촌에 홀로 남겨지는 '낡은 방'의 근대라고 하는 시간이 도시 변두리를 전전하다가 결국은 쫓겨나고 마는 '빈방' 즉, 오늘날의 시간에 이를 때 정미소를 포함한 그의 모든 작품이 응시한 세계는 '근대에서 현대로 이어지는 아프고 또 아프고 심지어는 소중하기까지 한 우리들의 시간'이었다는 사실을 깨달을 수 있기 때문이다.

자식들이 떠나간 방에 걸려 있는 가족사진 아래 바람벽처럼 휘어진 허리로 앉아 등을 보이고 있는 늙은 어머니, 전화기가 벽에 긴 줄을 매달고 누군가의 목소리를 기다리는 동안 열린 뒷문으로 비치는 장독대의 풀빛은 눈물겹게 새롭고 평화롭기조차 하다. 이 사진이 바로 '낡은 방'이다. 우리가 돈을 벌기 위해 도시로 나가 근대를 넘어 현대의 문을 두드리고 있는 바로 그 시간의 고향집 모습이다. 도시 외곽에서 가난한 이로 살아가다가 도시정화나 아파트개발의 대상이 되어 쫓기다시피 흩어진 사람들의 집은 지금 비어 있으므로 '빈방'이고 그는 카메라를 들고 그 방에 서 있으므로 '빈방에 서다'이다. 황해도에서 피란 내려와 그 세월을 떠돌고도 모자라 또 떠나가야 할 것이므로 빈집의 간판은 '황해디젤'이며 대책 없이 쫓겨나고 밀려나면서도 벽에 '꽃무늬 양산'을 단정히 걸어 둔 그 시간은 우리가 현대라고 부르는 문명의 시간이다. 이런 점에서 '낡은 방'과 '빈방'을 나란히 배치하여 한 장씩 넘겨 읽게 하는 사진집 『빈방에 서다』는 그동안 그가 쏟아낸 모든 작품을 한곳으로 아우르는 시간적 상징성을 가지고 있다고 할 것이다.

올봄에 서학동사진관에서는 「꽃시절」이라는 그의 기획전이 있었는데 피어나는 봄을 배경으로 허옇게 늙어 가는 할머니들의 처녀 시절 모습을 사진과 인터뷰 동영상으로 접할 수 있었다. 그들의 떠나간 청춘을 다시 살려낸 것이다. 사람들은 꽃다운 젊음이나 진정한 인생 같은 관념을 갑자기 받아들이느라 울렁울렁하는 눈치였다. 그날 나 또한 눈빛이 촉촉해진 사람들로 부산해진 사진관의 앞마당을 서성대며 '아름다운 소멸'에 대하여 생각하였다. 모든 존재하는 것들은 소멸의 길로 나아갈 것이므로 그것은 필연적으로 쓸쓸하기 짝이 없는 일이다. 그런데도 그의 카메라는 소멸의 길로 나아가는 대상을 골라 끊임없이 뒤쫓아 왔다. 무엇이었을까? 무엇이 그를 이 쓸쓸한 길에 스며들어 소멸의 시간을 사랑하게 하고 걸어가게 했을까? 그의 글 「완주 비봉정미소」에서 그 대답을 찾아본다.

"생활 방식과 함께 식단과 먹거리까지 바뀌어 버린 시대에 정미소가 몰락하는 이유를 굳이 찾아 가야 하는 늙은 세대의 궁색함이 젊은이들에게는 어쩌면 낯설게 느껴질지도 모른다. 정미소 따위가 없어진들 무슨 대수라고! 그러나 정미소는 쌀의 역사이며 쌀은 대지를 의미했고 이 땅의 대지는 곧 질곡의 우리 근대 역사를 대변하는 것이기도 하다. 또한 근대와 현대의 얼굴로 우리에게 다가온 정미소의 쇠락은 모든 존재하는 것들이 거쳐 가야 하는 생성과 소멸, 흥망성쇠의 단순한 이야기가 아니라 사라져 간 공동체문화의 몰락을 의미한다. 그 공동체는 생명을 심고 아우르는 일에 지극함을 다했기에 그것은 자본주의적 이기주의가 도저히 넘볼 수 없는 덕목이기도 하다.”

  그렇다. 그의 사진은 우리의 욕망을 구체화하는 근대로부터 시작하여 그것이 정점으로 치닫는 현대에 이르기까지 이루어진 공동체의 쇠락과 소멸을 기록해 온 작업이었다고 한마디로 정리할 수 있을 것 같다. 우리들의 오늘은 이루어낸 것이 아니라 해치워 버린 산업화의 시간이었으므로 자본으로 가장한 문명의 이름 아래 어디서든 공동체는 쫓겨나고 부서져 나갔다. 생명을 귀하게 알고 기르는 일에 지극함을 다하는 일이 공동체의 알맹이라고 한다면 결국 우리는 생명에 대한 지극한 경지가 소멸하는 순간을 그의 사진을 통해 만나고 있다 하겠다.
  그가 이번에 펴내는 사진 산문집은 생명에 대한 극진한 경지가 소멸하는 순간을 찍어 오면서 끌어안은, 한 사진가의 고뇌와 성찰이 고스란히 담겨 있다. 작가는 일생 동안 해 온 작업 중에서 직접 고른 사진을 산문과 결합하는 구조를 취하고 있다. 사진의 이면에 숨어 있던 사연과 작가의 생각은 산문의 형식을 빌려 표현되고 있지만, 그의 인생에 대한 자유로운 사유는 통념의 경계를 뛰어넘어 오가며 시적 흥취마저 뿜어내게 한다. 발문을 쓰기 위해 원고를 읽어 가는 동안 나는 깜짝 놀라지 않을 수 없었다. 우리가 젊은 날에 만났다면 '이제 사진 그만하고 글이나 쓰자'고 말하는 결례를 저지를 뻔했다는 생각을 하며 혼자 웃어 보기도 했다.

정말 한 순간도 멈추지 않고 대상에 대한 근원적인 질문을 던지며 살아온 일생이라는 것을 느낄 수 있었다. 자신을 숨기지 않고 있는 대로 드러내는 환한 글이기도 했다. 문장마다 넘쳐나는 한 사진가의 예술적 열정은, '아하 이 정도의 뜨거움이라서 우리 시대 공동체의 쇠락과 소멸을 기록하는 역할을 감당할 수 있었겠구나' 하고 고개를 끄덕이게 한다. 『감자꽃』에 등장하는 한 분 한 분의 주인공은 쇠락의 시간을 배경으로 살아온 사람들이기에 민중이라고 불러도 괜찮을 것 같다. 글을 읽어 가는 동안 작가가 그들의 삶을 어떤 눈으로 바라보며 어떤 의미를 부여하고 있는지를 눈여겨보기를 권하고 싶다. 그에게 있어서 민중이란 계급을 넘어서서 존재하는 독특한 미적 대상이자 자신의 세계관을 전달하는 대리인으로 볼 수 있기 때문이다.

그는 올해 들어서 일흔을 맞았다고 한다. 삶에 대한 태도나 사진에 대한 열정이나 심지어는 어쭙잖은 인간의 일을 조금치도 용서하지 않고 쏘아붙이는 목소리를 생각해 보면 정말 인정해 주고 싶지 않은 나이가 분명하다. 그래도 어찌하랴. 일흔에 사진집이 아닌 책을 처음 묶었다 하니 나도 모르게 숙연한 마음이 들고 만다. 이 글을 쓰고 있는 이 맑은 가을이 한 사진가의 인생을 따라다니며 영원처럼 빛나길 바란다.

김지연(金池蓮)은 1948년 전남 광주 출생으로, 사진가이자
전시기획자이다. 남들보다 늦게 사진을 시작해 한국 근대사의 흔적과
과정을 담아 재조명하는 작업을 해 오고 있다. 서울예술전문대학
연극과를 수료하고 한국방송통신대학교 영어영문학과를
졸업했으며, 현재 전북 진안의 공동체박물관계남정미소
관장 및 전주 서학동사진미술관 관장으로 있다. 2020년부터
2022년까지 『경향신문』에 '따뜻한 그늘'이란 제목으로 글을 연재했다.
2023년 한국여성사진작가협회 사진상을 수상했다. 「정미소」(2002),
「근대화상회」(2010), 「낡은 방」(2012), 「자영업자」(2019) 등 열여덟
차례의 개인전을 가졌고, 「전라북도 근대학교 100년사」(2010),
「시어머니 보따리」(2012), 「도마」(2018), 「택배」(2020) 등 삼십여 차례
전시를 기획했다. 사진집으로 『정미소와 작은 유산들』(2013),
『삼천 원의 식사』(2014), 『빈방에 서다』(2015), 『영산강』(2021) 등이
있고, 사진 산문집으로 『전라선』(2019), 『따뜻한 그늘』(2022)이 있다.

감자꽃
김지연 사진 산문

초판1쇄 발행일 2017년 12월 5일
초판2쇄 발행일 2024년 6월 1일
발행인 李起雄 발행처 悅話堂
경기도 파주시 광인사길 25 파주출판도시
전화 031-955-7000 팩스 031-955-7010
www.youlhwadang.co.kr yhdp@youlhwadang.co.kr
등록번호 제10-74호 등록일자 1971년 7월 2일
편집 이수정 김성호 디자인 박소영 김주화
인쇄 제책 (주)상지사피앤비

ISBN 978-89-301-0599-6   03040